HEDWIG KELLNER

Die besten Kreativitätstechniken

in 7 Tagen

Wofür man sie braucht

Was sie bringen

Wie man sie anwendet

mvg

Die Deutsche Bibliothek – CIP-Einheitsaufnahme

Kellner Hedwig:
Die besten Kreativitätstechniken in 7 Tagen : wofür man sie braucht, was sie bringen, wie man sie anwendet / Hedwig Kellner. - Landsberg a.L. : mvg-verl., 1999
(Business basics)
ISBN 3-478-84527-0

Illustrationen: Isabelle Dinter, München
Umschlaggestaltung: Felix Weinold, Schwabmünchen
Satz: Fotosatz H. Buck, Kumhausen
Druck- und Bindearbeiten: Ebner, Ulm
Printed in Germany 084 527/399402
ISBN 3-478-84527-0

INHALT

Über die Autorin

Hedwig Kellner ist Unternehmensberaterin und Manager-Trainerin. Sie führt Trainings und Projekte für internationale Konzerne sowohl in Deutschland als auch im englischsprachigen Raum durch.

Ihre Themenschwerpunkte sind:

- Führen und Selbstmanagement
- Verkaufen und Marketing
- Projektmanagement und Problemlösungstechniken
- Moderation und Konfliktmanagement
- Kreativität und geistige Fitness

Ihre Erfahrungen aus Beratungsprojekten und Seminaren führt sie in erfolgreichen Büchern zum Selbststudium für die Leser zusammen.

Einige ihrer Titel sind:

- „Nimm's doch leichter – Die Anti-Ärger-Strategie", München, 1994
- „Projekte konfliktfrei führen", München, 1996
- „Die Posträuber-Methode – Erfolgsstrategien für Selbst- und Projektmanagement", Frankfurt, 1996
- "Reden, zeigen, überzeugen – Von der Kunst der gelungenen Präsentation", München, 1998

Einführung

Immer wieder wird gefragt: „Kann man Kreativität überhaupt lernen? Muß das nicht angeboren sein?"

Darauf kann man nur mit einem „klaren Jein" antworten. Kreativität ist auch (!) eine Begabung, die uns in die Wiege gelegt sein muß. Manche Menschen sind in dieser Hinsicht wahre Glückspilze. Sie werden mit einem hohen KQ („Kreativitätsquotienten") geboren. Ihnen wird es im Laufe ihres Lebens immer sehr viel leichter fallen, auf originelle Ideen zu kommen als anderen. Sie können völlig Neues denken und erfinden, sie können jedoch auch bereits Bekanntes in neue Zusammenhänge stellen und auf ungewohnte Weise kombinieren. Man denke nur an Gutenberg. Er hat das Prinzip der Weinpresse mit der Kunst des Druckens kombiniert. Seither werden Bücher gedruckt!

Zumindest ein wenig Kreativität bekommt jedoch jeder von uns mit.

Und Kreativität ist auch eine Fähigkeit, die wir bewußt durch Training verstärken können. Man kann es zum Beispiel mit Musikalität vergleichen. Wer ein großer Musiker sein will, muß einerseits eine Begabung als Anlage mitbekommen haben, muß jedoch auch ein Leben lang üben und sich weiterentwickeln. Aber auch wer keine Anlage zum „großen" Musiker mitbekommen hat, kann die zumindest geringe musikalische Begabung durch Training fördern.

Bei den *Kreativitätstechniken* unterscheidet man die Techniken, die ganz allgemein die Fähigkeit zu kreativem Denken trainieren und die Techniken, die man gezielt für Probleme anwendet, um eine Sache einmal von ganz anderer Seite zu betrachten. Wer kreativ sein will, braucht beides und den Spaß daran, diese erlernten Fähigkeiten immer wieder anzuwenden!

Die 7 Arten der Klugheit

Unsere Kreativität ist nur eine Komponente unserer geistigen Fitness. Mit Kreativität allein können wir nicht auskommen. Wir sollten uns während des ganzen Lebens immer bemühen, alle sieben Arten der Klugheit in uns zu fördern und zu erweitern. Die sieben Arten der Klugheit sind:

1. Wissen

Wissen ist das, was wir an Informationen aufnehmen und zum eigenen Gebrauch zur Verfügung haben. Wissen kann man sich „einpauken", man kann es durch Lektüre, Seminare oder auch Erfahrungen erwerben.

Man unterscheidet zwischen Fach- und Methodenwissen. Fachwissen bezieht sich auf bestimmte Sachgebiete. Bankangestellte brauchen Fachwissen zum Thema Geld. Ärzte brauchen medizinisches Fachwissen.

Methodenwissen ist unabhängig von bestimmten Sachgebieten. Zum Methodenwissen gehört zum Beispiel das Wissen, wie man gut präsentiert, wie man Projekte leitet, Konflikte bereinigt oder Verhandlungen zum Erfolg führt. Wenn man weiß, wie man bei Verhandlungen zum Ziel kommt, dann kann man dieses Wissen beim Autokauf, bei Gehaltsverhandlungen oder bei Kreditgesprächen mit der Bank anwenden. Zum Methodenwissen gehören auch die *Kreativitätstechniken*.

Wichtig für Ihren Erfolg ist, daß Sie Ihr Wissen ständig aktuell halten und erweitern. Lesen und lernen Sie ein Leben lang. Tauschen Sie sich mit anderen Menschen aus. Beschränken Sie sich nicht nur auf Ihr eigenes Fachgebiet. Je mehr Sie wissen, desto mehr Möglichkeiten haben Sie, bei kreativen Prozessen neue Kombinationen zu finden. Wissende Menschen sind nicht immer kreativ, aber dumme Menschen sind immer unkreativ.

2. *Problemlösungs-Intelligenz (IQ)*
   Hierunter ist das zu verstehen, was man üblicherweise als „IQ" bezeichnet. Intelligente Menschen können Probleme und ihre Ursachen in ihrer Gesamtheit erfassen und praktikable Lösungen entwickeln. Dazu setzen sie ihre analytischen Fähigkeiten ein, ihr logisches Denken und natürlich auch ihre Kreativität. Menschen mit einem niedrigeren IQ sind viel mehr auf Anleitungen, Hilfen und Erklärungen anderer angewiesen als solche mit einem hohen IQ.
   Typisch für intelligente Menschen ist, daß sie sich auch in unbekannten Situationen zurechtfinden, daß sie fähig sind, sich bei neuartigen Problemen die notwendigen Informationen selbständig zu beschaffen und sinnvoll zu nutzen. Wenig intelligenten Menschen fällt dazu nur ein: „Kenne ich nicht." „Weiß ich nicht." „Habe ich noch nie gemacht."
3. *Problemfindungs-Intelligenz („Pionier-IQ")*
   Wer noch intelligenter ist, als der IQ festgestellt hat, der wartet nicht auf Probleme, der sucht sie sich selber, löst sie und wird damit erfolgreich. Man spricht im Wirtschaftsleben auch von der „Marktlücken-" oder „Problemerkennungs-Intelligenz".

Das Paradebeispiel für Pionier-Intelligenz ist der Optiker Fielmann. Er hat als erster die Marktlücke erkannt, daß Kassenpatienten nur die Wahl hatten, langweilige Standardbrillen zu tragen oder mehr Geld zu zahlen, als viele sich für eine Brille leisten konnten. Was sprach gegen schöne, modische, pfiffige und edle Brillen aus billigerem Material? Nichts. Es war nur vor ihm keiner darauf gekommen.

Zur Problemfindung gehört schon sehr viel mehr Intelligenz als zur reinen Problemlösung. Man muß schließlich etwas entdecken, wo vorher andere nichts bemerkt haben.

4. *Dschungel-Intelligenz („Kämpfer-IQ")*
   Unter der Dschungel-Intelligenz wird die Fähigkeit verstanden, sich auch gegen Widerstände und ungünstigste Verhältnisse mit

den eigenen Zielen letztlich durchzusetzen. Man ist fähig, gegen alle Unwahrscheinlichkeiten doch noch Mittel und Wege zu finden, die den eigenen Absichten dienen.

Das Paradebeispiel für diese Kämpfer-Intelligenz ist Mutter Teresa. Sie kam als kleine albanische Nonne in die indische Männergesellschaft, war umgeben von einer fremden Kultur mit fremden Religionen. Sie sprach noch nicht einmal die Landessprache! Mit ihrer Pionier-Intelligenz erkannte sie die „Marktlücke", daß es für die Elenden auf den Straßen keine Versorgung gab. Mit ihrer Problemlösungs-Intelligenz hat sie erarbeitet, wie man helfen könnte. Mit ihrer Kämpfer-Intelligenz hat sie es geschafft, eine unglaublich große und erfolgreiche Institution für die Menschen aufzubauen, denen sie helfen wollte.

5. *Kreativität (KQ)*
Kreativität ist die Fähigkeit, Neues zu denken und zu schaffen, neue Verbindungen zwischen bekannten Faktoren herzustellen und dadurch zu neuen Erkenntnissen zu kommen. Kreativ ist, wer eigene Denkblockaden überwindet, wer sich nicht selbst einer inneren Zensur von „vernünftig" und „unvernünftig" unterwirft und wer bereit ist, sich auch auf träumerische, intuitive, spielerische und „verrückte" Gedankengänge einzulassen.
Kreativität braucht Neugier, Optimismus, Experimentierfreude und immer auch eine gewisse Schlagfertigkeit. Kreatives Denken ist immer auch ein spontanes, schnelles und intuitives Denken. Erst werden kreativ Ideen produziert. Danach kann das gründliche und analytische „IQ-Denken" aus den Ideen kluge Problemlösungen entwickeln.
6. *Soziale Intelligenz (SQ)*
Unter der sozialen Intelligenz versteht man die Fähigkeit des intelligenten Umgangs mit anderen Menschen. Wer über einen hohen SQ verfügt, kann andere Menschen verstehen, sie überzeugen und Beziehungen mit ihnen pflegen. Hohe soziale Intelligenz brauchen zum Beispiel Führungskräfte, Verkäufer, Eltern, Lehrer, Politiker …
Wer andere führen, erziehen, überzeugen will, muß nicht nur rein sachlich wissen, was „richtig" ist, sondern muß fähig sein, den anderen mit so zu erreichen, daß dieser sich überzeugen läßt. Führungskräfte oder Eltern mit geringer sozialer Intelligenz verstehen nicht, was in ihren Mitarbeitern oder Kindern vorgeht. Sie können – solange sie die Macht haben – Druck ausüben, *überzeugen* können sie jedoch nicht.

Menschen mit hoher sozialer Intelligenz wirken sympathisch und empfinden ihrerseits andere als liebenswürdig. Sie finden leicht Kontakt. Man fühlt sich wohl in ihrer Gesellschaft und geht gerne private oder berufliche Beziehungen mit ihnen ein.
Bei Menschen mit hoher sozialer Intelligenz holen andere sich Rat und Trost bei persönlichen Problemen. Man hört auf sie auch bei Krisen und Konflikten.

7. *Emotionale Intelligenz (EQ)*
Die emotionale Intelligenz beschreibt den intelligenten Umgang mit der eigenen Person, mit den eigenen Gefühlen. Ein Mensch mit hohem EQ hat sich auch unter Streß noch im Griff. Cholerische Anfälle und andere Arten hemmungsloser Gefühlsausbrüche kommen nicht vor. Mit hoher emotionaler Intelligenz weiß man auch, wie man sich selbst nach einer Niederlage wieder ermutigt und aus der Traurigkeit herausfindet. Man weiß auch, was einem guttut, wie man sich selbst Freude machen und motiviert halten kann. Man kann sich aufraffen, auch die unangenehmen Dinge zu erledigen. Aber auch das Bewußtsein dafür, wann man die eigenen Grenzen erreicht hat und Erholung braucht, gehört dazu. Chaotische Arbeitsweise, Schlamperei, Aufschieberitis oder Burn-out aus Selbstüberforderung sind immer Zeichen von unzureichender emotionaler Intelligenz. Zur emotionalen Intelligenz gehören Selbstbewußtsein, Selbstmanagement und das Wissen um die eigenen Stärken und Schwächen.

Was mißt der KQ?

So wie der Intelligenz-Quotient gemessen werden kann, so kann durch geeignete Testverfahren auch der Kreativitäts-Quotient einer Person festgestellt werden. Vielleicht ist der Sinn solcher Tests umstritten; interessant ist aber auf jeden Fall, was eigentlich gemessen und dann als individueller Kreativitäts-Quotient berechnet wird:

Wertfreies Interesse und forschende Neugier

Dabei geht es um die Wachheit, mit der auch die Dinge bewußt wahrgenommen werden, die über die eigenen Aufgaben- und Arbeitsgebiete hinausgehen. Das ist das Gegenteil von „Fachidiotie"!

Flexibilität, von Plänen und Regeln notfalls abzuweichen

Unkreative Menschen können nur schwer von dem abweichen, was man ihnen vorschreibt, oder von dem, was sie selbst geplant haben.

Unvorhergesehene Probleme machen sie hilflos. Ein kreativer Mensch erkennt, daß sich die Situation anders als geplant entwickelt hat. Blitzschnell fällt ihm dann eine Idee dazu ein.

Somit sind Bürokratismus und übertriebene Neigung zu Detailplanungen Feinde der Kreativität.

Planerisches und strategisches Denken auch bei ungewissen Zukunftsfaktoren

Anders als viele vermuten, ist Chaos nicht förderlich für Kreativität. Chaos ist fast immer das Ergebnis von Denkfaulheit. Chaos entsteht, wenn man planlos vor sich hin lebt und arbeitet und immer nur akut das Nötigste erledigt, niemals jedoch Ordnung in die Gedanken und ins eigene Umfeld bringt.

Kreative Menschen spielen im Geiste Zukunftsszenarien durch. Sie überlegen sich Varianten, wie sich die Dinge entwickeln könnten und was sie daraufhin unternehmen oder vorbereiten sollten, um auch noch bei Überraschungen letztlich zum Ziel zu kommen. Sie lassen sich jedoch nicht selber von ihren Plänen und Strategien einengen und bleiben immer offen für Veränderungen.

Visionäres Denken

Kreative Menschen spielen gedanklich mit der Zukunft oder auch mit *Traumwelten*. Sie bauen in ihren Tagträumen Luftschlösser im Wolkenkuckucksheim oder spinnen in Gedanken aus, wie sich zum Beispiel die Medizin oder die Welt der Computer im Laufe der nächsten Jahrzehnte noch entwickeln wird.

Kritisches Hinterfragen

Kreative Menschen nehmen den täglichen Trott und die Gewohnheiten des Alltags nicht einfach hin. Sie fragen sich immer wieder:

„Muß das so sein?“

„Wie könnte man das anders machen?“

Von kreativen Menschen kommen die überraschendsten Verbesserungsvorschläge. Die Unkreativen denken: „So war das schon immer.“

Sich inspirieren lassen

Kreative Menschen greifen Ideen oder auch Ideenansätze anderer auf und führen sie weiter. Vor allem im Team befruchten sie sich gegenseitig. Sie werfen sich förmlich die Ideen wie Bälle zu, und jeder fügt noch etwas hinzu. Deshalb brauchen und suchen kreative Menschen gerne den *geistigen Austausch mit anderen.* Sie schmoren nie „im eigenen Saft“.

Fehlertoleranz

Kreative Menschen nehmen es in Kauf, daß sie Fehler machen. Das ist Teil des Probierens und Experimentierens. Wer Neues wagt, kann nicht garantieren, daß es auf Anhieb klappt. Die meisten Erfinder machen ein Fehlexperiment nach dem anderen, doch irgendwann haben sie ihren „Treffer“. Deshalb gehört zur Kreativität auch die *Beharrlichkeit*, trotz Niederlagen immer wieder neu anzufangen.

Intuition

Kreative Menschen verlassen sich nie nur auf ihren rationalen Verstand, auf logische Schlüsse und auf stichhaltige Beweise. Sie fahren immer auch ihre „Antennen“ aus. Sie haben einen „7. Sinn“ oder auch eine „Witterung“. Heute spricht man auch von „Feeling“. Wie immer man es auch nennt, letztlich geht es darum, auch die Eindrücke aufzunehmen und zu berücksichtigen, die man nicht mit den üblichen Sinnen erfassen und auch fast nie schlüssig beschreiben kann.

Vereinfachungsfähigkeit

Kreativen Menschen gelingt es, auch bei komplexen Problemen und in verzwickten Zusammenhängen den Überblick zu bewahren. Ihnen passiert es nicht, daß sie „den Wald vor lauter Bäumen nicht sehen". Sie können Dinge vereinfachen und dadurch die *grundlegenden Strukturen erkennen*. Das ist bei komplizierten Problemen immer der erste Schritt in Richtung Lösung.

Verkäuferisches Talent

Mit diesem Talent ist nicht unbedingt gemeint, daß kreative Menschen besonders gut für Vertrieb und Verkauf geeignet sind. Damit ist vielmehr gemeint, daß sie anderen ihre *Ideen „verkaufen"* können. Sie wissen, wie man eigene Vorstellungen, Erfindungen und Lösungskonzepte so verargumentiert, daß andere ihnen das „abkaufen", daß andere sich überzeugen und sogar auch dafür begeistern lassen.

Fähigkeit, auf Vorhandenem aufzubauen

Kreative Menschen sind oft auch „Sammler". Sie sammeln interessante Zeitungsartikel, Berichte und Prospekte. Dabei legen sie nicht etwa nutzlose Stapel ungelesener Zeitungen beiseite(„Lese ich später, wenn ich Zeit habe."), sondern sortieren sehr wohl, was man vielleicht noch einmal gebrauchen könnte. Es kann sich um Berichte über potentielle Urlaubsorte handeln, um Ideen, wie man ein gutes Bewerbungsgespräch führt oder um Anleitungen für den Bau von Hühnerställen. Der Kreative weiß: „Irgendwann muß ich vielleicht einmal ein Problem in dieser Richtung lösen. Wie gut, wenn ich dann schon Material als Anregung habe!"

Machen Sie den Denktypen-Test!

Mit dem folgenden Test können Sie feststellen, wo vermutlich Ihre Stärken in der Kreativität und bei der Bewältigung von Problemen liegen. Wenn Sie das wissen, können Sie bewußter darauf achten, Denkblockaden zu erkennen und zu überwinden. Es handelt sich hierbei übrigens nicht um einen Intelligenztest!

Bitte lesen Sie die folgenden Aussagen und vergeben Sie dann Ihre Punktezahl:

0 Punkte: paßt gar nicht zu mir
1 Punkt: paßt wenig
2 Punkte: paßt etwa „halb-und-halb“
3 Punkte: paßt überwiegend
4 Punkte: trifft voll auf mich zu

1. Ich konzentriere mich gerne auf eine Sache und betrachte sie von allen Seiten bis ich sie ganz verstanden habe. 2
2. Ich erkenne häufig Marktlücken und habe auch immer wieder Geschäftsideen, mit denen man sicherlich gut verdienen könnte. 4
3. Die besten Ideen kommen mir, wenn ich mit anderen über interessante Themen rede. 3
4. Ich arbeite gerne allein und rede auch erst dann mit anderen über meine Ideen, wenn sie weitgehend ausgereift sind. 3
5. Egal, welches Problem auftaucht, mir kommen auf jeden Fall sofort Lösungsideen dazu. 3
6. Bei größeren Vorhaben und Projekten gehe ich die Sache vorher in Gedanken gründlich durch und habe dann auch gute Vorstellungen für die Umsetzung. 4
7. Bei Konferenzen und Besprechungen bin ich ein aufmerksamer Zuhörer, denke sehr intensiv mit, halte mich jedoch mit eigenen Beiträgen eher zurück. 2

8. Zu den Themen und Sachgebieten, die mich interessieren, lege ich mir Archive oder zumindest Sammlungen von Unterlagen an. 4
9. Ich arbeite lieber im Team als allein. 2
10. Es geht mir oft so, daß ich durch das, was andere sagen, zu eigenen Ideen angeregt werde. 3
11. Bei der Lösung eines schwierigen Problems hilft es mir sehr, wenn ich es mit anderen besprechen kann. 3
12. Es passiert öfter, daß ich eine angefangene Sache nicht weiterführe, weil ich das Interesse daran verloren habe und lieber etwas Neues anfange. 2
13. Ich habe für Beruf und Privatleben klare Ziele. Diese verfolge ich auch konsequent. 1
14. Ich denke oft darüber nach, wie sich die Dinge in Zukunft wohl entwickeln werden und welche Neuerungen zu erwarten sind. 4
15. Ich lasse mich durchaus gerne von Menschen belehren, die mehr wissen als ich oder mehr Erfahrung mit einer Sache haben. 3
16. Ich werfe nicht gerne etwas weg. Ich habe oft das Gefühl, daß man Dinge oder Unterlagen aufheben sollte, weil man nie weiß, wozu man sie noch brauchen kann. 2
17. Mir fällt es sofort auf, wenn Dinge unpraktisch sind oder durch kleine Änderungen optimiert werden könnten. 4
18. Ich habe im Vergleich zu anderen Leuten viel mehr Einfälle und komme auch bei Problemen viel schneller zu Lösungsideen. 4
19. Wenn mir Probleme durch den Kopf gehen oder ich Projekte vorhabe, dann höre ich mir dazu gerne die Meinung von anderen an. Wie ich dann letztlich entscheide, behalte ich meistens für mich. 3
20. Ich bin ein Sammler. Ich hebe Zeitschriften und Artikel, die mich interessieren, auf. 3
21. Ich will immer wissen, wie etwas funktioniert und bastle auch gerne ein wenig herum. 1

22. Ich gehe gerne sehr konzentriert komplizierten Problemen auf den Grund. Dabei vergesse ich wohl auch Zeit und Raum. 2
23. Ich entwickle gerne Pläne. Das tue ich auch dann, wenn ich sie nicht umsetzen will. 1
24. Ich beschäftige mich gedanklich viel mit zukünftigen Entwicklungen. 2
25. Ich arbeite gerne im Team, wenn man sich mit Ideen gegenseitig befruchten kann. 3
26. Ich bin im Vergleich zu anderen Menschen sehr schlagfertig und habe immer blitzschnell eine Antwort parat. 2
27. Das Beschaffen von Informationen, Unterlagen und Materialien für ein Projekt macht mir oft mehr Spaß als die konkrete Planung und Umsetzung. 3
28. Ich berate gerne andere, wenn diese größere Projekte oder Vorhaben planen. 4
29. Ich treffe auch wichtige Entscheidungen oft mehr intuitiv als nach beweisbaren Fakten. 2
30. Das Planen eines Projektes oder Vorhabens macht mir oft mehr Spaß als die Durchführung. 3
31. Ich habe immer so viele Ideen, daß ich die meisten nie realisiere und viele schon nach kurzer Zeit vergesse. 4
32. Es kommt häufig vor, daß ich Werkzeuge oder andere Geräte benutze und dabei darüber nachdenke, wie man sie verbessern sollte. 2
33. Bevor ich mich an ein Projekt oder ein Vorhaben heranmache, besorge ich mir Fachliteratur und möglichst viel an Hintergrundinformationen. 4
34. Die besten Ideen habe ich, wenn ich mich in aller Ruhe und ungestört mit einem Thema befassen kann. 3
35. Ich gebe mich gerne Tagträumen über die Zukunft und meiner Rolle darin hin. 4
36. Ich gehe in der Regel planvoll an größere Vorhaben heran und habe auch Konzepte für Notfälle, Engpässe und besondere Chancen. 3

37. Ich bin eher ein Einzel- als ein Teamarbeiter. Mir liegen Aufgaben, die man am besten allein und voll konzentriert machen sollte. 2
38. Die besten Ideen habe ich, wenn ich etwas sehe oder benutze, was man noch verbessern und ergänzen kann. 3
39. Ich mische mich nicht bei dem, was andere tun, ein. Trotzdem beobachte ich durchaus auch gerne, wie sie Probleme anpacken und zu Erfolg oder Mißerfolg kommen. 3
40. Ich interessiere mich für Erfindungen und wie die Erfinder auf ihre Ideen kamen. 4

Das Denktypen-Rad

Das oben abgebildete Modell stellt die acht verschiedenen Arten von „Denktypen“ dar, in denen wir kreativ denken, planen oder auch uns mit anderen austauschen. Jeder von uns bedient sich im Bedarfsfall aller dieser verschiedenen „Denktypen". Gleichwohl kann man feststellen, daß wir alle auch bestimmte Richtungen bevorzugen und andere vielleicht vernachlässigen. Genau da könnten dann unsere individuellen Denkblockaden liegen.

Das Denktypen-Rad kennt acht „Typen" oder Richtungen des Denkens.

1. *Tüfteln*
   Tüftelnde Menschen brauchen Ruhe für ihre Konzentration. Sie können sich über längere Zeit intensiv mit einem Thema oder einem Problem befassen. Sie gehen auch kleinsten Unklarheiten auf den Grund und verlieren die Geduld nicht, bis sie das herausgefunden haben, was sie wollten.
   Die Gefahr bei zu starker Neigung zum Tüfteln könnte darin liegen, daß zu viel Zeit für Unwichtiges vergeudet wird. Die Prioritäten geraten leicht aus dem Blickfeld.
2. *Ideen schleudern*
   Das „Schleudern" von Ideen passiert spontan und oft blitzschnell. Man erkennt ein Problem und hat sofort eine oder mehrere Lösungen. Auch *Mußestunden* können dazu führen, daß sich wie aus dem Nichts unzensierte Ideen einstellen.
   Beim Ideenschleudern kann es passieren, daß man vor lauter Freude an den ständig neuen Ideen keine Lust mehr hat, auch einmal eine Sache bis zum Schluß zu durchdenken und zu einem brauchbaren Ergebnis zu führen.
3. *Visionäres Denken*
   Das visionäre Denken ist zukunftsorientiert und dabei oft mehr intuitiv als rational. Visionär denkende Menschen „wittern" Trends und erkennen Chancen.
   Die Gefahr bei zu starker Neigung zum visionären Denken kann in einem Mangel an Pragmatismus liegen. Man ergeht sich zu sehr in Zukunftsideen und kommt nicht dazu, im Hier und Heute eine machbare Sache konkret anzufangen.

4. *Planerisches Denken*
   Das planerische Denken ist ebenfalls zukunftsorientiert, jedoch stark am Machbaren ausgerichtet. Man überlegt *strategisch*, wie man ein Ziel erreichen kann.
   Übertriebene Neigung zum Planen kann dazu führen, daß man sich im Detail zu sehr festlegt und später bei der Realisierung nur schwer auf unerwartete Änderungen reagieren kann.
5. *Kommunikatives Denken*
   Das kommunikative Denken braucht den intensiven Austausch mit anderen. Man „denkt laut“. Schon das Erklären der eigenen Ideen fördert den eigenen Denkprozeß. Die Kommentare der anderen führen die Gedanken weiter.
   Hier liegt die Gefahr, daß gute Ideen durch negative Kommentare anderer erstickt werden oder durch unverbindliches Geplauder darüber im Sande verlaufen.
6. *Aufgreifen*
   Das aufgreifende Denken braucht ebenfalls die Anregung von anderen, verzichtet jedoch auf den unmittelbaren Austausch. Menschen, die gerne durch Aufgreifen zu kreativen Ideen kommen, verhalten sich in Gruppen oft ruhig, hören jedoch aufmerksam zu und „verdauen“ in Ruhe, was sie von anderen gehört haben.
   Wer sich zu sehr auf das Aufgreifen verläßt, läuft Gefahr, von anderen unterschätzt zu werden. Man wirkt zu ruhig, zu passiv.
7. *Sammeln*
   Sammelnde Menschen greifen auch auf, beziehen sich jedoch oft auf das geschriebene Wort. Sie sammeln Artikel, Bücher etc. Wenn sie dann zu einem Thema Ideen brauchen, lassen sie sich von ihren Sammlungen inspirieren. Sie produzieren häufig weniger ganz neue Ideen, sondern schaffen *neue Kombinationen* von bereits bekannten Dingen.
   Die Gefahr bei leidenschaftlichen Sammlern liegt darin, daß sie bergeweise Unterlagen und Zeitschriften horten, in denen sie im Bedarfsfall gar nicht finden, was sie brauchen könnten.

8. *Optimieren*

Das Optimieren ist ebenfalls die Weiterentwicklung von Dingen oder Ideen, die es schon gibt. Optimierer gehen bewußt mit ihrer Umwelt um. Wo andere sich längst an Gegebenheiten gewöhnt haben, betrachten Optimierer die Dinge und fragen sich: „Wie kann man das verbessern?“ Optimierer sind oft Bastler und Experimentierer. Die meisten Erfinder neigen ebenfalls zu diesem Denken.

Die Gefahr könnte darin liegen, daß der Spieltrieb überhand nimmt und auch sinnlose „Verschlimmbesserungen“ produziert: Fahrrad mit Heizung, Pampers für Hunde, Schalldämpfer für Sektflaschen …

Hier liegen Ihre Kreativitätspotentiale

Berechnen Sie nun für Ihr Testergebnis, bei welchen der „Denktypen" Sie die höchsten Punktzahlen erreicht haben. An diesen Stellen liegen Ihre Stärken im kreativen Bereich. Beachten Sie bitte, daß auch Ihre Schwächen genau dort liegen können. Fragen Sie sich deshalb kritisch, ob Sie Ihre Stärken gut nutzen oder vielleicht sogar bis zur Schwäche übertreiben!

Zu 1. *Tüfteln* gehörten die Aussagen mit den folgenden Nummern:
Nummer: 1 4 22 34 37
Punkte: 2 + 3 + 2 + 3 + 2 Summe: 12

Zu 2. *Ideen schleudern* gehörten die Aussagen:
Nummer: 5 12 18 26 31
Punkte: 3 + 2 + 4 + 2 + 4 Summe: 15

Zu 3. *Visionäres Denken* gehörten die Aussagen:
Nummer: 2 14 24 29 35
Punkte: 4 + 4 + 2 + 2 + 4 Summe: 16

Zu 4. *Planerisches Denken* gehörten die Aussagen:
Nummer: 6 13 23 30 36
Punkte: 4 + 1 + 1 + 3 + 3 Summe: 12

Zu 5. *Kommunikatives Denken* gehörten die Aussagen:
Nummer: 3 9 11 25 28
Punkte: 3 + 2 + 3 + 3 + 4 Summe: 15

Zu 6. *Aufgreifen* gehörten die Aussagen:
Nummer: 7 10 15 19 39
Punkte: 2 + 3 + 3 + 3 + 3 Summe: 14

Zu 7. *Sammeln* gehörten die Aussagen:
Nummer: 8 16 20 27 33
Punkte: 4 + 2 + 3 + 3 + 4 Summe: 16

Zu 8. *Optimieren* gehörten die Aussagen:
Nummer: 17 21 32 38 40
Punkte: 4 + 1 + 2 + 3 + 4 Summe: 14

Denkblockaden erkennen und überwinden

Um mögliche Denkblockaden zu erkennen, sollten Sie sich noch einmal das Denktypen-Rad anschauen.

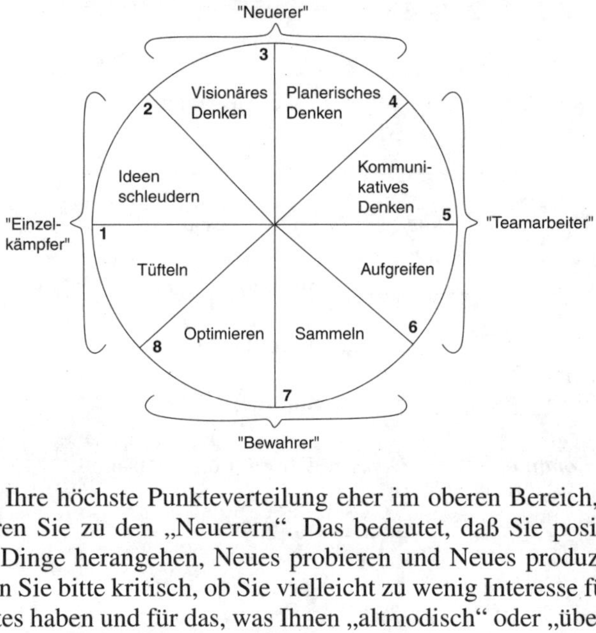

Liegt Ihre höchste Punkteverteilung eher im oberen Bereich, dann gehören Sie zu den „Neuerern". Das bedeutet, daß Sie positiv an neue Dinge herangehen, Neues probieren und Neues produzieren. Prüfen Sie bitte kritisch, ob Sie vielleicht zu wenig Interesse für Bewährtes haben und für das, was Ihnen „altmodisch" oder „überholt" vorkommt. Möglicherweise haben Sie eine Denkblockade, wenn es darum geht, Erfahrungen aus der Vergangenheit zu nutzen?

Liegt Ihre höchste Punktzahl eher im unteren Bereich, dann gehören Sie zu den „Bewahrern". Sie werfen nicht das, was sich bisher bewährt hat, voreilig für neue Modeströmungen über Bord. Auf der anderen Seite könnte es sein, daß Sie sich zu sehr an das klammern, was Ihnen vertraut ist. Wehren Sie sich gegen Neuerungen und Änderungen?

Liegt Ihre höchste Punktzahl eher im linken Bereich, dann gehören Sie zu den „Einzelkämpfern“. Sie sind innerlich unabhängig und können wunderbar allein erfolgreich sein. Sie laufen jedoch Gefahr, daß Sie sich zu wenig für das interessieren, was andere tun. Könnte es sein, daß Sie gelegentlich mit hoher Kreativität scheinbar neue Ideen produzieren und es nicht einmal bemerken, daß genau das gleiche längst an anderer Stelle von anderen auch schon gedacht und gemacht wurde?

Liegt Ihre höchste Punktzahl eher im rechten Bereich, dann sind Sie ein „Teamarbeiter“. In Kreativ-Workshops können sie sich und andere gedanklich befruchten. Die Gefahr besteht jedoch, daß Sie zu sehr die Gesellschaft anderer suchen und dadurch zu wenig zum wirklich konzentrierten Nachdenken kommen.

Wenn Sie bei sich eine deutlich schwerpunktmäßige Punkteverteilung nach oben, unten, rechts oder links feststellen, dann sollten Sie möglichen Denkblockaden dadurch entgegenwirken, daß Sie bewußt immer wieder die gegensätzliche Denkrichtung einschlagen.

Die drei wichtigsten Denkblockaden für alle Richtungen sind außerdem:

1. Die „innere Zensur“ mit den Gedanken: „Ist es vernünftig?“ „Ist es sinnvoll?“
2. Der eigene Erfolgsdruck mit den Gedanken: „Lohnt sich das?“ „Wird es sich durchsetzen lassen?“
3. Die „innere Gouvernante“ mit den Gedanken: „Gehört sich das?“ „Was werden die anderen davon halten?“

Wohlgemerkt: In Maßen sind diese Gedanken durchaus richtig. Wir sollen uns bemühen, vernünftig zu überlegen, den Erfolg im Auge zu behalten und die Meinung anderer zu berücksichtigen. Aber wir sollten uns davon nicht zu sehr einengen lassen.

Aufgabe: Lösen Sie sich von (Denk-) Gewohnheiten!

Erstellen Sie jetzt eine Liste mit 50 Ideen, an welchen Stellen Ihres täglichen Lebens Sie im Laufe der nächsten vier Wochen einmal von Ihren Gewohnheiten abweichen wollen. Dabei geht es nicht um dauerhafte Umstellungen, sondern lediglich um den Spaß oder auch die Überraschung, einmal vom Vertrauten abzuweichen.

Die Liste könnte etwa so beginnen:

- Ich kaufe mir am Montag eine andere Tageszeitung als gewöhnlich.
- Ich werde einen anderen Weg zur Arbeit nehmen.
- Ich lade meinen Partner in ein Restaurant ein, in dem wir noch nie waren.
- Ich werde am Mittwoch meine Mittagspause anders verbringen als sonst.
- Ich werde das nächste Wochenende anders verbringen als sonst.
- Ich werde im Laufe der nächsten Wochen drei verschiedene Personen um Rat bitten, die ich normalerweise niemals fragen würde.
- Ich werde am Arbeitsplatz meine Ablage für ein paar Tage so umstellen, wie es der Kollege hat.
- Ich werde am Dienstag Tee statt Kaffee zum Frühstück trinken.
- Ich miete mir für das Wochenende mein Traumauto und fahre damit in der Gegend herum.
- Ich fahre einmal statt mit dem Auto mit dem Fahrrad zur Arbeit.

Mindestens 50 Ideen sollten Sie sammeln. Wenn Ihre Liste fertig ist, markieren Sie die Dinge, zu denen Sie eigentlich keine Lust haben, mit einem U für „unangenehm“. Sorgen Sie dafür, daß alle mit U markierten Ideen spätestens nach der dritten Woche erledigt sind.

Kreatives Chaos?

Chaotische Zustände sind der Kreativität ebenso abträglich wie Pedanterie, Verbissenheit und Perfektionismus. Auch ein gedankliches Chaos, das hier und da bizarre Einfälle hervorbringt, spricht nicht unbedingt für Kreativität.

Kreativen Menschen geht es nicht darum, immer nur „verrückte" oder exzentrische Ideen zu produzieren, sie suchen vielmehr ganz bewußt nach nützlichen und wertvollen Ideen. Bei dieser Suche sind sie jedoch unkonventioneller als andere. Kreative Menschen leisten regelmäßig und auf bestimmten Gebieten Überdurchschnittliches. Dabei handelt es sich immer um Sachgebiete oder Themenbereiche, die sie persönlich interessieren. Der eine ist besonders kreativ im künstlerischen Bereich, der andere entwickelt verfeinerte Verfahren in der Kriminalistik. Der eine erfindet immer neue Kochrezepte, der andere tüftelt so lange, bis er ein eigenes Computerspiel programmiert hat.

Wenn Sie kreativ sein wollen, brauchen Sie drei Grundvoraussetzungen:

1. *Fachwissen und handwerkliches Können*
   Sie müssen sich auf dem Gebiet auskennen, auf dem Sie kreativ sein wollen. Niemand kann schmackhafte neue Rezepte erfinden, ohne sich in der Kochkunst auszukennen. Niemand kann ohne Kenntnisse der Dramaturgie spannende Theaterstücke entwickeln. Wer sich in der Medizin nicht auskennt, kann dort auch nicht kreativ werden. Wer nicht mit Ölfarben umgehen kann, wird auch keine großen Ölgemälde schaffen.
2. *Kreative Denkfähigkeit*
   Um diese zu entwickeln und auf Dauer fit zu halten, üben Sie regelmäßig Kreativitätstechniken. Diese sollten Sie jedoch nicht nur im Rahmen Ihres Fachgebietes oder Ihres Hobbys

anwenden, sondern immer wieder auch in anderen Bereichen ausprobieren.

3. *Leidenschaft*
   Kreatives Denken ist nicht nur unterhaltsam, es kann auch mühselig und sogar langweilig sein. Man wird leider nicht immer wieder ganz automatisch von der Muse geküßt, und die Geistesblitze kommen leider nicht fertig vom Himmel herunter. Kreative Menschen sitzen oft herum und zermartern sich das Hirn. Sie grübeln und tüfteln und versuchen es nach dem hundertsten Fehlversuch noch einmal und wieder und wieder. Oft sieht es so aus, als sei alles Experimentieren und Proben hoffnungslos. Dennoch bleiben sie beharrlich dran. Um sich auch bei ständigen Enttäuschungen immer wieder aufzuraffen, braucht man Leidenschaft für die Sache.

Die Phasen des kreativen Prozesses

In den seltensten Fällen passiert Kreativität als urplötzliche Eingebung oder „Geistesblitz" aus dem Nichts. Künstler und andere kreative Menschen wissen, *daß man der Kreativität durch die Beschäftigung mit dem Thema oder Problem gleichsam entgegengehen muß.*

Kreative Prozesse verlaufen typischerweise in fünf Phasen:

1. *Vorbereitung*
   Wer vor einem kniffeligen Problem steht oder zu einem Thema eine Idee braucht, sammelt jetzt Informationen und denkt noch ungezielt und weitgehend „undiszipliniert" über die Sache nach. Man erkundigt sich bei anderen, die Erfahrung mit dem Thema haben, man sammelt Zeitungsartikel …

2. *Inkubation*
   Durch die Sammlungen und Tips anderer erweitert sich das eigene Gedankenspektrum. Man sieht das zu lösende Problem zum Teil von ganz anderer Seite, man bewertet die Art, wie andere et-

was ähnliches in den Griff bekommen haben, man prüft die Tips und Vorschläge, die man bekommen hat. Man sagt zum Beispiel: „Ich lasse es mir mal durch den Kopf gehen." Oder: „Ich muß mal darüber schlafen."
Das Problem kann jetzt „sacken" und auch im Unterbewußtsein weiterarbeiten. In dieser Inkubationsphase erleben wir häufig das Phänomen, daß wir plötzlich im Traum oder beim Duschen die zündende Idee haben.

3. *Lösungsfindung*
Wenn sich die Lösung nicht von selbst eingestellt hat, muß man sich nun aktiv darum bemühen. Das kann spielerisch-intuitiv oder auch logisch-rational sein. Man döst zum Beispiel beim Autofahren nebenher darüber, oder man entwickelt mit Bleistift und Papier oder am PC verschiedene Lösungsvarianten und spielt im Geiste deren Konsequenzen bis zum Ende durch.

4. *Entscheidung und Entschluß*
Am Ende muß die Entscheidung für eine Lösungsvariante oder eine Idee stehen. Wer sich jetzt nicht entscheiden kann, mag zwar kreativ sein, diese Begabung ist dann jedoch sinnlos. Sie führt zu keinem Resultat.
Mit der Entscheidung für eine Idee ist auch der Entschluß zu ihrer Umsetzung zu treffen. Denn auch das gibt es, daß Menschen sich für eine kreative Idee entscheiden, sich dann jedoch aus Trägheit oder anderen Gründen solange nicht aufraffen können, etwas daraus zu machen, bis die Idee veraltet, vergessen oder von anderen genutzt ist.

5. *Umsetzung*
Jetzt muß aus der Idee oder der Problemlösung ein konkretes Handlungskonzept, ein Plan und schließlich eine Aktion werden. Auch das Planen und Konzeptionieren ist wieder ein kreativer Prozeß. Das Umsetzen mag zwar weniger kreativ sein als die vorhergegangenen Schritte, ist jedoch unbedingt notwendig. Durch das, was wir tun, lernen wir. Durch das, was wir lernen, wird unsere Kreativität gefördert.

Kreativität trainieren

Wie jede andere Begabung auch, muß Kreativität trainiert werden, sonst verkümmert sie. Dabei können uns zwei Arten von Kreativitätstechniken behilflich sein. Das sind einmal die oft spielerischen Techniken, die ganz allgemein die geistige Beweglichkeit oder auch die Offenheit für intuitive Eingebungen fördern. Daneben gibt es die Techniken, die uns helfen, zu einem konkreten Thema oder Problem möglichst viele und ungewohnte Einfälle zu produzieren. Zu letzteren gehören zum Beispiel das Brainstorming, das Mind-Mapping oder die „Denkhüte".

Diese Methoden allein können jedoch einem unkreativen Menschen nicht helfen. Sie werden auch nichts ausrichten, wenn man innerlich so unter Druck steht, daß man gar nicht die Muße hat, sie zwanglos anzuwenden.

Hält man sich die fünf Phasen der Kreativität vor Augen, dann ist auch klar, warum es falsch ist, Probleme „auf den letzten Drücker" lösen zu wollen. Man hat weder die innere Ruhe, die Gedanken im Unterbewußtsein reifen zu lassen, noch die Geduld, Kreativitätstechniken anzuwenden.

Brainstorming

Das klassische Brainstorming ist wohl die bekannteste Kreativitätstechnik. Ideal wird sie bei einer Teilnehmerzahl von vier bis zehn Personen unter der Leitung eines Moderators angewendet.

Der Moderator sollte in folgenden Schritten vorgehen:

1. Jeder Teilnehmer erhält einen Stapel Moderationskarten oder postkartengroße Blätter (Alt-)Papier und einen dicken Stift.
2. Der Moderator erklärt die *Spielregeln*:
   - Jeder schreibe so viele Ideen wie nur möglich auf die Karten. Quantität geht vor Qualität.

- Stichworte reichen.
- Pro Idee ist eine eigene Karte zu verwenden.
- Jeder schreibe so groß und deutlich, daß später alle es an der Pinnwand lesen können.

3. Der Moderator stellt das Thema vor und formuliert die erste Frage oder Aufforderung. Diese Frage muß eindeutig sein und darf nicht durch ja oder nein beantwortet werden können.
   Beispiele:
   „Wie können wir unseren Service verbessern?"
   „Haben Sie Vorschläge für den Umweltschutz?"
   Falsch wäre: „Müssen wir unseren Service verbessern?" Oder: „Wie stehen wir zum Umweltschutz, und was wollen wir dafür tun?"
4. Wenn alle Teilnehmer ihre Ideen aufgeschrieben haben, sammelt der Moderator die Karten ein und befestigt sie mit Nadeln (damit sie umgesteckt werden können) an der Pinnwand. Wenn möglich, sollte er bereits jetzt die Ideen thematisch gruppieren.
   An dieser Stelle gelten wiederum Spielregeln:
   - Jede Form positiver oder negativer Kritik an einzelnen Karten ist untersagt.
   - Wenn bei der Gruppierung die Zugehörigkeit einer Karte strittig ist, entscheidet nur der Autor, wo die fragliche Karte hingehört.
5. Den Teilnehmern wird noch einmal Zeit gegeben, sich von den nun sichtbaren Karten zu weiteren Ideen anregen zu lassen.
6. Nach etwa zehn bis zwanzig Minuten ist der eigentliche Prozeß des Brainstormings abgeschlossen. Unter der Leitung des Moderators entscheidet die Gruppe über die Weiterarbeit.

Das Ziel dieser Technik ist es, von den anwesenden Personen möglichst spontan möglichst viele unzensierte Ideen zu einem Thema zu sammeln. Häufig ist der zunächst unsinnig erscheinende Einfall einer Person Auslöser für einen zündenden Gedanken einer anderen.

Deshalb ist es so wichtig, in zwei Schritten zu arbeiten:

- Schnelles Ideenfinden in Einzelarbeit damit jeder dazu beiträgt und
- öffentliches Vorstellen der Ideen auf den Karten, um dadurch weitere Anregungen zu geben.

Bei dieser Technik kann man einige Varianten einführen:

- Wenn man zum Beispiel von vornherein eine Priorisierung erreichen möchte, kann man festlegen, daß jeder Teilnehmer nur drei oder fünf Karten beschriften darf.
- Wenn man auch gründlicher überlegte oder recherchierte Ideen haben möchte, kann man den Teilnehmern im Anschluß an den gemeinsamen Workshop weitere Karten mitgeben, die sie bis zu einem festen Termin beschriftet nachreichen können.
- Wenn man auch sehr kritische Beiträge möchte, sollte man strikt auf Anonymität achten. Dann empfiehlt sich statt der handschriftlichen Karten an der Moderationswand vielleicht auch eine „Black Box", in die die Teilnehmer im Verlauf einiger Tage getippte oder ausgedruckte Vorschläge (oder Beschwerden) einwerfen können.

Wie mit den im Brainstorming gesammelten Ideen zu verfahren ist, muß im Einzelfall entschieden werden. Gelegentlich können einzelne Karten sofort zu Aktionen oder konkreten Projekten führen. Andere Karten können kleineren Arbeitsgruppen zur weiteren Bearbeitung und Vertiefung des Themas mitgegeben werden. Man kann durch Punkten eine Priorisierung vornehmen lassen und dann einzelne Arbeitsaufträge delegieren. Ein Fotoprotokoll der Pinnwand könnte angefertigt und über den Teilnehmerkreis hinaus veröffentlicht werden. Dazu gehört die Aufforderung an die Adressaten, sich bis zu einem Termin mit weiteren Ideen oder konkreteren Vorschlägen zu melden.

Brainstorming läßt sich auch allein durchführen. Dazu nimmt man ein leeres Blatt Papier, schreibt die Frage darauf und zwingt sich, zum Beispiel mindestens zwanzig Ideen dazu zu finden.

Wie kann das Kinderfest gestaltet werden?

Brainstorming paradox

„Paradox" bedeutet „widersinnig". Da wir als Erwachsene bestrebt sind, vernünftige und sinnvolle Gedanken zu denken, versagen wir uns viel zu oft die Freiheit, gelegentlich auch einmal in die „falsche" Richtung zu denken. Kinder tun sich damit viel leichter.

Wenn Sie mit Ihren Mitarbeitern zum Beispiel Konzepte zur Verbesserung der Kundenorientierung entwickeln sollen, dann beginnen Sie mit dem paradoxen Brainstorming: „Wie können wir unsere Kunden am besten verärgern?"

Sofort stellen sich Ideen ein wie zum Beispiel:

„Telefonate in leere Büros verbinden."
„Auf Reklamationen patzig antworten."
„Unverständliche Gebrauchsanweisungen erstellen."

Zuerst macht es „nur" Spaß, sich Ärgerlichkeiten und Hindernisse für die Kunden auszudenken. Durch den Spaß sprudeln die Ideen nur so heraus. Manchmal erkennt man dann auch: „Einiges von dem wird bei uns tatsächlich so getan oder es besteht die Gefahr, daß Kunden es so erleben!"

Der Vorteil dieses paradoxen Brainstormings ist, daß man die Sache einmal von der entgegengesetzten Seite betrachtet und daraus im zweiten Schritt oft brauchbare Ideen für die Praxis ableiten kann.

Auch privat funktioniert das paradoxe Brainstorming. Probieren Sie es mit Ihrer Familie aus: „Wie können wir dafür sorgen, daß wir nächstes Weihnachten wieder unterm Tannenbaum Streit bekommen?“ Oder: „Wie verhindern wir, daß wir uns im Urlaub erholen?“

Mind-Mapping

Das Mind-Mapping ist eine Methode zur Visualisierung und Förderung kreativer Denkprozesse wie zum Beispiel Ideensammlungen. Man erstellt beim Nachdenken über ein Thema gleichsam eine Landkarte (Map) dessen, was sich im Kopf (Mind) abspielt. Die Methode wurde von Tony Buzan in den sechziger Jahren entwickelt und findet heute sowohl in Gruppenworkshops als auch in Konferenzen oder bei Projekten breite Anwendung.

Durch die Technik der Visualisierung wird das räumliche und bildliche Denken aktiviert. Das wiederum aktiviert die rechte Gehirnhälfte.

Unsere beiden Gehirnhälften haben unterschiedliche Strukturen und verfügen deshalb über unterschiedliche Leistungsschwerpunkte. Die linke Hälfte ist für das logisch-analytische Denken zuständig. Hier werden unter anderem Zahlen, Sprache, Zeichen, Regeln und Gesetze verarbeitet. Die rechte Hälfte ist für das ganzheitliche und intuitive Denken zuständig. Hier werden unter anderem Bilder, Emotionen, Raumvorstellungen und künstlerische Inhalte verarbeitet. Die linke Gehirnhälfte denkt in schlüssigen Reihenfolgen und bleibt gerne bei der Sache. Die rechte Gehirnhälfte denkt oft sprunghaft und wechselt gerne zwischen den Themen hin und her.

Menschen mit einer „Linkshirn-Dominanz“ können sich oft sehr gut Telefonnummern, Preise und Wegbeschreibungen merken. Dafür vergessen sie Gesichter und nehmen auch kaum die Gefühle anderer wahr. Menschen mit „Rechtshirn-Dominanz“ haben hingegen oft ein gutes Personengedächtnis, nehmen bei anderen Signale der Körpersprache wahr, stehen jedoch häufig mit der Mathematik auf Kriegsfuß. Ideal ist es, wenn beide Gehirnhälften gleich gut ausgebildet sind und sich gleichwertig ergänzen.

Durch unsere Erziehung zu „vernünftigem“ Denken und zu logischen Schlußfolgerungen ist bei vielen von uns die linke Gehirnhälfte so gut trainiert, daß sie die rechte dominiert oder gar nicht mehr zum Zuge kommen läßt. Aber genau hier spielen sich bevorzugt die kreativen Prozesse ab! Der Gebrauch der rechten Hälfte wird uns oft schon in der Kindheit mehr ab- als angewöhnt. „Denk doch mal logisch!“ Diese Ermahnung kennen wir. Aber niemand hat uns empfohlen: „Vergiß die Logik, leiste dir auch einmal Gedankensprünge!“

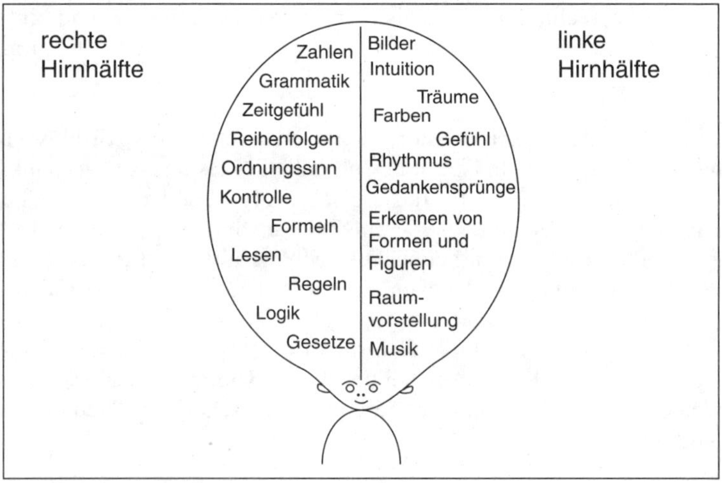

Tony Buzan ging bei der Entwicklung des Mind-Mapping davon aus, daß wir unsere rechte Gehirnhälfte aktivieren können, wenn wir nicht schon in der Phase der Ideensuche „ordentliche" Listen in „sinnvollen" Reihenfolgen anlegen, sondern zunächst das, was sich sprunghaft im Kopf abspielt, *bildlich darstellen* und mit jedem neuen Einfall visuell erweitern.

Beim Anlegen einer Mind-Map geht man so vor:

1. Man schreibt das Thema in der Mitte des Blattes in einen Kreis oder ein Oval.

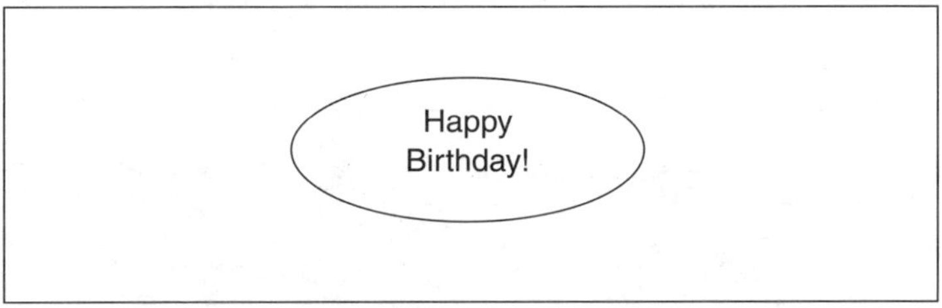

Mind-Map für eine Party-Vorbereitung

2. Man führt von dem Zentrum Äste mit Unterthemen oder zentralen Stichworten ab.

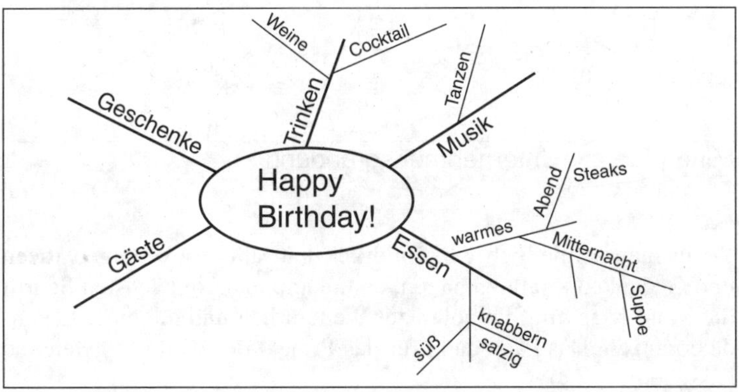

3. Von den Ästen gehen Zweige mit weiteren Stichworten ab. Immer, wenn einem weitere Dinge zum Thema einfallen, kann man zusätzliche Äste und Zweige anfügen.

Es wäre falsch, mit Lineal oder Zirkel an die Arbeit zu gehen. Das Mind-Mapping soll kein schönes Bild für eine Präsentation vor Dritten produzieren, sondern die spontane und sprunghafte Entwicklung von Ideen und Gedankengängen unterstützen.

Die Mind-Map eines jungen Unternehmers, der sich mit einem Steh-Imbiß selbständig machen wollte, sah zum Beispiel im halbfertigen Zustand so aus:

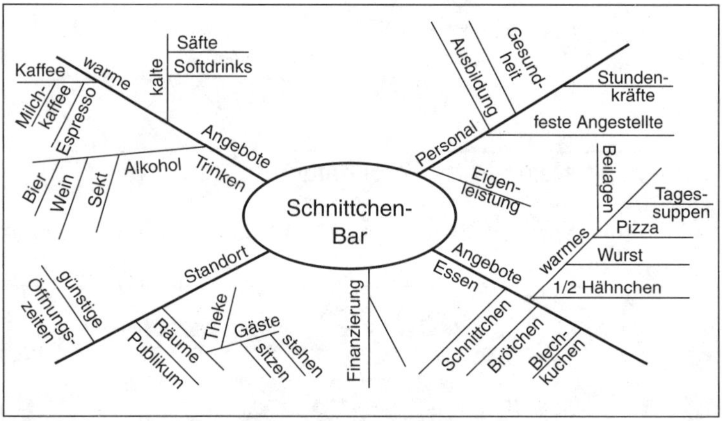

Mind Map zur Unternehmensgründung

Wenn man schließlich den Eindruck hat, alle notwendigen Ideen und Gedanken erfaßt zu haben, dann kann man im nächsten Schritt die Mind-Map mit Symbolen zur Weiterarbeit und mit einer Legende ergänzen. Das kann dann für das Projekt der Weihnachtsfeier so aussehen:

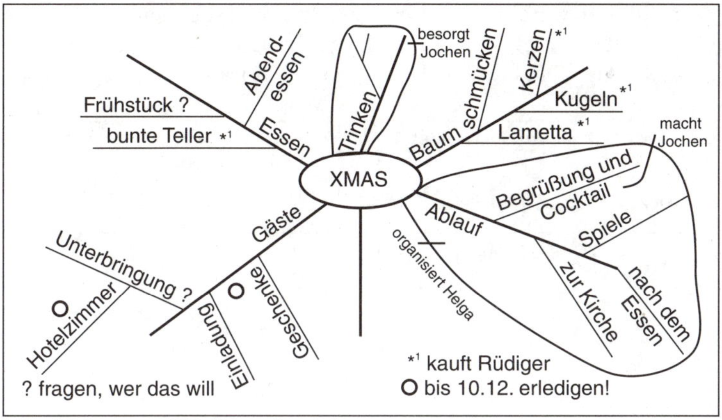

Mind-Map zur Weihnachtsfeier

Methode 635

Bei der Methode 635 sollen sechs Teilnehmer eines kreativen Prozesses jeweils drei Lösungsvorschläge entwickeln, welche dann von den jeweils fünf anderen Teilnehmern kommentiert, erweitert, umgeformt oder verbessert werden sollen.

Man arbeitet dabei gerne mit einem Formular, auf dem in der Kopfzeile das Problem kurz dargestellt ist.

Darunter schreibt jeder in Einzelarbeit drei verschiedene Lösungsvorschläge. Nach fünf bis zehn Minuten werden die Zettel zum Nachbarn weitergereicht. Die nächste Person läßt sich von den drei Vorschlägen inspirieren und trägt drei weitere Ideen ein oder führt die Gedanken fort.

Am Ende bekommt jeder das eigene Blatt zurück und kann sehen, was die anderen mit den drei ursprünglichen Lösungsvorschlägen gemacht haben, wie diese ergänzt, verbessert und verfeinert wurden.

Zum Schluß werden alle Lösungsvorschläge der ganzen Gruppe vorgestellt. Gemeinsam kann dann ein Umsetzungskonzept, ein Realisierungsplan oder eine Abstimmung erfolgen.

Wie soll das neue Produkt heißen?		
Terrasoft	Kumel	HaNol
T-Soft	Kuschel	Hanoweich

Wir wollen uns auf der Messe völlig neu präsentieren.		

Die Methode 635 hat zwei ganz wichtige Vorteile:

1. Jeder Teilnehmer muß sich dazu durchringen, drei Vorschläge zu erarbeiten und darf sich deshalb nicht zu früh in eine Lieblingsidee verbeißen. Dadurch wird die innere Bereitschaft trainiert, auch nach einer ersten Lösungsfindung dasselbe Problem noch einmal von anderer Seite zu betrachten.
2. Die Teilnehmer können sich in ihrer Kreativität von den Ideen der anderen inspirieren lassen. Sie können das, was ein anderer gedacht hat, aufgreifen, weiterentwickeln, verwerfen, ergänzen …

Dadurch wird ein natürlicher Entwicklungsprozeß nachempfunden. Zum Beispiel hat irgendwann einmal jemand das Rad erfunden. Das entwickelten andere zu Wagen weiter, und heute nutzen wir die Technik des Rades beim Auto, Zug, Flugzeug.… Ähnlich sind Entwicklungen in der Medizin, Nachrichtentechnik, Mode, Kunst etc. immer als Fortführung dessen verlaufen, was zuvor bereits erdacht und ausprobiert wurde.

Die neun Basisfragen nach Osborn

Auf Alex Osborn, den Erfinder vieler Kreativitätstechniken, geht auch die Idee mit den neun Basisfragen zurück. Damit kann man zum Beispiel eine gefundene Problemlösung noch einmal überarbeiten, anders beleuchten, verändern und verbessern.

Die neun Basisfragen kann man allein oder auch im Team beantworten. Wenn Sie sich einmal damit befassen wollen, sollten Sie sich nicht davon abschrecken lassen, daß sich auf manche der Fragen (zunächst) keine sinnvolle Antwort finden läßt. Wenn Sie trotzdem einfach weitermachen, kann es sein, daß Sie bei Frage vier oder sieben plötzlich auf einen völlig neuen und zündenden Gedanken kommen. Zwingen Sie sich deshalb unbedingt, für jede der Fragen mindestens eine Antwort zu finden.

Die neun Basisfragen lauten:

1. Wie kann man es anders verwenden?
2. Wie kann man es anpassen? Gibt es etwas Ähnliches, das man damit nachahmen könnte?
3. Wie kann man es verändern? Lassen sich Form, Farbe, Geruch, Material, Größe, Gewicht etc. ändern?
4. Was wäre, wenn man es vergrößern würde? Läßt sich etwas hinzufügen? Kann man es dicker oder schwerer machen? Kann man die Häufigkeit steigern? Kann man den Wert steigern?
5. Was wäre, wenn man es verkleinern würde? Kann man Teile davon weglassen? Kann man es dünner, leichter, kürzer oder billiger machen?
6. Kann man es ganz oder teilweise ersetzen? Lassen sich Elemente aus anderen Zeiten, Produkten, Abläufen, Kulturen etc. einfügen an Stelle von Vorhandenem?
7. Wie könnte man es neu anordnen? Kann man es umbauen, Teile davon umstellen? Kann man Ursache und Wirkung vertauschen?
8. Wie und womit läßt es sich kombinieren? Lassen sich Teile davon mit anderem kombinieren?
9. Kann man es ganz oder teilweise transformieren? Kann man es durchsichtig machen, verflüssigen, ausdehnen, schrumpfen, durchlöchern ...?

Unsere Kantine soll mehr bieten!	
1. anders verwenden	als Gymnastikraum als Lehrküche für Azubis
2. anpassen	wie im Supermarkt auch Waren für den Hausgebrauch anbieten
3. verändern	modernere und bequemere Möbel

4. vergrößern	mehr Gerichte anbieten auch zum Frühstück öffnen
5. verkleinern	nur noch Brötchen verkaufen
6. ersetzen	Pizzaservice und Lieferdienste anderer Lokale nutzen
7. neu anordnen	Kasse am Eingang, „Eintrittspreis" kassieren und danach gilt „essen satt" nach Belieben
8. kombinieren	mit dem Gesundheitsdienst kombinieren und gemeinsam Seminare zur bewußten Ernährung anbieten
9. transformieren	auch für Bewohner der Nachbarschaft als öffentliches günstiges Restaurant öffnen

Aufgabe: Schiffstaufe

Stellen Sie sich nun vor, Sie (und Ihr Team) seien zuständig für die Taufe eines Kreuzfahrtschiffs der Luxusklasse. Ihre Aufgabe besteht aus zwei Teilen:

1. Sie sollen der Reederei oder dem Eigner drei Vorschläge für einen Namen des Schiffs unterbreiten. Bedenken Sie bitte, daß die gehobene Kategorie auch durch den Klang des Namens zum Audruck kommen kann. Gleichzeitig soll der Klang emotionale Werte wie Sympathie, Fernweh und Lebensfreude assoziieren. Außerdem muß der Name leicht zu merken und auch für Nicht-Deutsche einfach auszusprechen sein.
   Verwenden Sie für diesen Teil der Aufgabe die *Methode 635* oder das *Brainstorming*.
2. Sie sind als Projektleiter für den Festakt des Stapellaufs mit Schiffstaufe verantwortlich. Bevor Sie mit Ihrem Team einen

Detailplan entwickeln können, stellen Sie erst einmal zusammen, was überhaupt zu managen ist.
Die Reederei legt natürlich großen Wert darauf, daß das Ereignis in den richtigen Medien auch werbewirksam herausgestellt wird. Die Presse kommt, wenn Prominente zu erwarten sind. Diese erwarten unter anderem ein interessantes Programm, ein angemessenes Ambiente und die Garantie, daß ihre Sicherheit gewährleistet ist.
Es ist zu hoffen, daß das Wetter mitspielt!

Entwickeln Sie eine *Mind-Map* mit allen Elementen eines solchen Projektes von der ersten Absprache mit der Reederei bis zur Müllbeseitigung nach der Veranstaltung.

Aufgabe: Fernseh-Serie

Ein Fernsehsender möchte eine Serie zum Thema „Geld" entwickeln lassen. Die Sendungen sollen vergleichbar denen sein, die zum Thema „Gesundheit" bereits sehr erfolgreich sind. Sie sollen regelmäßig ausgestrahlt werden und etwa eine Stunde dauern. Das Publikum erwartet wertvolle Informationen bei gleichzeitig unterhaltsamer Darbietung. Mit der inhaltlichen und der technischen Gestaltung wird man Fachleute beauftragen.

Sie stellen bitte aus der Sicht des Publikums mindestens fünfzig interessante Themen zusammen. Es kann sich um den Euro drehen, um Kreditkarten oder auch um psychologische Fragestellungen wie die Ursachen von Geiz oder Geld als Konfliktstoff in der Ehe.

Denken in Metaphern

Aus dem Griechischen kommt der Begriff „metaphorisch“ und bedeutet „bildlich“. Metaphern kennen Sie vermutlich aus der Literatur, wo sie der Veranschaulichung dienen sollen, manchmal allerdings auch bis zur Schmerzgrenze des Kitsches getrieben werden.

Beispiele:

„Die Angehörigen standen an seinem Grab wie Schachfiguren, und niemand wußte, wie der nächste Zug sein würde.“ „Sie schwieg wie ein Grab.“

Analogien (Analogie = Gleichartigkeit) werden ebenfalls verwendet, um literarische Texte lebendiger zu gestalten.

Durch das spielerische Denken in Metaphern oder Analogien können Sie das Verlassen gewohnter Denkwege trainieren. Auch diese Übung dient nicht dazu, zu einem bestehenden Problem oder einer Aufgabe eine Lösung zu finden. Sie soll vielmehr die Fähigkeit und auch die innere Bereitschaft zum kreativen Denken fördern.

Beispiel:

„Das Schicksal ist wie eine Kokusnuß. Wenn man Glück hat, fällt sie einem vor die Füße, bricht auf und gibt das süße Fleisch preis. Wenn man Pech hat, fällt sie einem auf den Kopf.“

„Ein neuer Job ist wie ein neuer Anzug. Im Laden sieht er wunderbar aus, aber wenn man ihn erst einmal gekauft hat und darin herumläuft, dann merkt man, wo die Nähte drücken.“

„Der Kollege sitzt auf seinem Wissen wie der Pirat auf seiner Schatzkiste.“

Entwickeln Sie jeweils mindestens fünf Analogien oder Metaphern zu:

„Das Leben ist wie ...“
„Betriebsfeiern sind wie ...“
„Ein Verkehrsstau ist wie ...“
„Der Reiseleiter ...“
„Unsere Unternehmensstrategie ...“
„Der Kunde ...“

Gelüftete Geheimnisse

Je mehr wir wissen, desto breiter ist das Spektrum unserer Kreativität. Je mehr Wissensgebiete wir uns erschließen, aus desto mehr Quellen können wir zapfen, wenn wir Ideen brauchen. Denken Sie nur an die Techniker des Flugzeugbaus, die sich ihre Analogien aus der Natur geholt haben.

Die Übung der gelüfteten Geheimnisse knüpft auch wieder an die geistige Offenheit der Kindheit an. Damals waren wir neugierig. Wir haben gefragt, geforscht, Dinge auseinandergenommen und Experimente gemacht. Immer waren wir den Geheimnissen der Welt auf der Spur:

- Warum kommt Wasser, wenn man im Garten ein tiefes Loch gräbt?
- Wie funktioniert das Türschloß?
- Warum merken es die Australier nicht, daß sie mit dem Kopf nach unten am Erdball hängen?

Leider verlieren viele Menschen diese kindliche Neugierde mit dem Erwachsenwerden. Man hat angeblich keine Zeit mehr, man bildet sich ein, genug zu wissen, man fragt sich, wozu es nützlich sein soll, sich mit Dingen zu befassen, die man weder beruflich noch privat gebrauchen kann.

Die Übung der gelüfteten Geheimnisse soll Ihnen – neben dem Spaß daran – drei wichtige Vorteile bieten:

1. Sie erweitern Ihren geistigen Horizont und damit das Spektrum Ihrer Kreativität.
2. Sie vertiefen Ihre Allgemeinbildung, weil Sie Wissen, das Sie sich selbst erarbeitet haben, viel besser verinnerlichen und merken.
3. Sie trainieren sich in der kreativen Kunst der Wissensermittlung.
   Üben Sie sich darin, Informationsquellen aufzuspüren und anzuzapfen.

Gehen Sie wie folgt vor:

1. Stellen Sie zehn Wissensgebiete zusammen, die weder Ihren Beruf noch Ihre bisherigen Hobbys betreffen. Das können sein: Astronomie, fremde Kulturen, Kriminologie, DV-Technik, Meereskunde.…
2. Legen Sie in einem Aktenordner für jedes dieser Gebiete ein Fach an.
3. Schreiben Sie im Verlauf einer Woche pro Gebiet zwei Ihnen rätselhafte Dinge („Geheimnisse“) auf. Beispiele:
   - Wie entstehen Wirbelstürme?
   - Wie funktionieren Stimmentzerrer bei der Kripo?
   - Wie werden Satelliten stabilisiert?
4. Setzen Sie sich einen Termin, bis wann Sie alle zwanzig Geheimnisse gelüftet und im Aktenordner dokumentiert haben. Nehmen Sie sich maximal ein halbes Jahr Zeit dafür.

Die Dokumentation und die Terminierung sollen Ihnen helfen, sich nicht am Ende von der eigenen Trägheit oder der Neigung zur Aufschieberitis davon abhalten zu lassen. Sie werden staunen, welche Welten sich Ihnen auftun, wenn Sie sich erst einmal in so ein Thema hineingekniet haben! *Außerdem werden Sie Profi darin, sich Wissen*, das Sie brauchen, aber nicht haben, in Zukunft viel schneller als andere zu beschaffen.

Der Unsympath

Schreiben Sie die Namen von sechs Personen auf, und numerieren Sie diese Namen. Bedingungen sind:

- Jede der Personen ist Ihnen gut bekannt.
- Keine der Personen ist wirklich dumm.
- Sie können die Personen alle nicht leiden.

Vielleicht müssen Sie bei den letzten beiden Kriterien bereits innerlich über eine Hürde springen. Wir neigen nämlich alle dazu, die Menschen, die wir nicht mögen, für „schlecht" und/oder für „dumm" zu halten.

Legen Sie die Namensliste zusammen mit einem Würfel beiseite. Wenn Sie in der Folgezeit einmal vor einer anspruchsvollen Aufgabe oder einem größeren Projekt oder einer wichtigen Entscheidung stehen, dann würfeln Sie einen Namen aus der Liste Ihrer „Unsympathen" aus.

Versetzen Sie sich ganz in die durch den Zufall ausgewählte Person und formulieren Sie schriftlich in Stichworten, wie diese Person vorgehen oder entscheiden würde, wäre sie an Ihrer Stelle. Schreiben Sie auch ihre vermutlichen Gründe dazu auf.

Frühestens einen Tag später gehen Sie noch einmal an die Arbeit und formulieren nun schriftlich, welche Teile der Lösungsideen Sie übernehmen wollen und welche Sie anders machen werden als es vermutlich der „Unsympath" täte. Begründen Sie Ihre Vorgehensweise oder Entscheidung.

Diese Methode bringt bei ungelösten Problemen, vor denen Sie zunächst vielleicht noch etwas unschlüssig stehen, drei Vorteile:

1. Sie betrachten das Problem aus der Sichtweise einer anderen Person und damit distanzierter.
2. Durch die schriftlichen Lösungsentwicklungen und die Formulierungen der Begründungen aus zwei Sichtweisen heraus zwingen Sie sich zu sehr gründlichem Durchdenken mit allen Für- und Wideraspekten.
3. Sie überwinden Denkblockaden über die Hürde emotionaler Abneigungen hinweg.

Wir neigen alle dazu, uns bei Problemen und Entscheidungen nur mit solchen Menschen zu beraten, die mit uns auf „gleicher Wellenlänge" sind, die unseren Gedanken vermutlich zustimmen werden, die wir mögen. Das engt unsere Sichtweise und unsere Kreativität ein!

Denkhüte

Die Technik mit den „sechs Denkhüten" stammt vom Psychologen und Mediziner de Bono. Sie wird heute in vielen Unternehmen in Managerkonferenzen, bei Ideen-Workshops und in Krisensitzungen angewendet.

Man geht wie folgt vor:
Sechs Teilnehmer sitzen zusammen und diskutieren über ein Thema oder ein Problem mit dem Ziel, auf keinen Fall wichtige Aspekte zu vergessen oder zu verdrängen. Damit die Teilnehmer sich nicht gleich wieder in ihre jeweiligen Meinungen verbeißen und diese heftig propagieren oder gegen andere Ansichten ankämpfen, werden durch Zufallsprinzip (z.B. Würfeln) sechs „Denkhüte" (oder Armbinden) in unterschiedlichen Farben verteilt.

Jeder Teilnehmer muß sich in seinem Engagement für das Thema strikt an die eigene Farbe halten!

Die Farben stehen für jeweils folgende Standpunkte oder Sichtweisen:

- *Weiß* steht für die neutrale, objektive Sicht.
  Dem Träger des weißen Hutes geht es nicht um Meinungen, Vermutungen, Vorlieben oder Interpretationen. Er ist stur an beweisbaren Fakten und neutralen Informationen orientiert.
  Ihm geht es um Fragen wie: Welche gesicherten Informationen und Daten haben wir? Wie zuverlässig sind sie? Reichen diese Infos? Woher kann man weitere Daten bekommen? Wie können wir unklare Infos erhärten?

- *Rot* steht für das Feuer emotionaler und intuitiver „Unsachlichkeiten".
  Der Träger des roten Hutes ist begeistert dafür oder vehement dagegen oder fühlt innere Zweifel oder hofft, daß es gut wird, oder hat ein mulmiges Gefühl dabei … Er kann nicht alles rational begründen, was er von der Sache hält oder was ihm durch den Kopf geht. Er vertraut auf sein „Feeling", geht den Dingen intuitiv nach und äußert auch Vermutungen oder Befürchtungen. „Ich habe ein gutes Gefühl dabei." „Ich traue dem Braten nicht." Das könnte vom Träger des roten Hutes kommen. Er kann aber nicht sagen, warum er ein gutes oder mißtrauisches Gefühl dabei hat.

- *Grün* steht für die Lebendigkeit der kreativen Gedankensprünge.
  Der Träger des grünen Hutes hat immer den Wunsch, die Sache noch einmal anders anzugehen, weitere Alternativen zu entwickeln, sich nicht zu früh festzulegen, einen anderen Weg zum Ziel zu suchen …

- *Schwarz* steht für den kritischen Blick auf mögliche böse Konsequenzen.

Der Träger des schwarzen Hutes ist nicht grundsätzlich abgeneigt, aber er will alle Risiken und Gefahren berücksichtigt wissen. Was kann schiefgehen? Was könnte dagegensprechen? Warum sollte man es lieber nicht machen? Was wird womöglich nicht funktionieren? Wo sind Widersprüche im Konzept?
Der Träger des schwarzen Hutes ist kein emotionaler Pessimist (dann hätte er einen roten Hut auf). Er will nüchtern und sachlich absichern, daß man auf alle Risiken vorbereitet ist, sich nicht unnötig auf Pannen und Gefahren einläßt oder Schwachstellen übersieht.

- *Blau* steht für kühle Distanz.
  Der Träger des blauen Hutes vertieft sich nicht so sehr inhaltlich in die Diskussion, sondern achtet mehr darauf, daß die Spielregeln der fairen Auseinandersetzung eingehalten werden, daß jeder Teilnehmer mit seinen Beiträgen zum Zuge kommt, daß alle Standpunkte ausreichend vertreten sind, daß wichtige Zwischenergebnisse festgehalten werden. Der Träger des blauen Hutes kann auch veranlassen, daß es irgendwann zu einem Tausch der Hüte mit neuem Diskussionsstart kommt. Das kann empfehlenswert sein, wenn die Teilnehmer rhetorisch sehr unterschiedlich stark sind.

- *Gelb* steht für sonnigen Optimismus.
  Der Träger des gelben Hutes denkt ganz anders als der des schwarzen. Er sieht die Sache grundsätzlich positiv, erkennt die Chancen und weist auf die Vorteile hin. Von ihm kommen die optimistischen Vorschläge zur Umsetzung und die Ideen zur Verminderung der Risiken. Er macht den anderen Mut, sich für die Sache zu entscheiden.

Ein wesentlicher Vorteil dieser Technik mit den Denkhüten ist, daß die Teilnehmer intensiv aus ihren „Farbrichtungen" heraus diskutieren können und sich nicht besorgt fragen müssen, was man wohl von ihnen hält, wenn sie sich zum Beispiel so „emotional-vage" oder „pessimistisch-risikoorientiert" äußern.

Außerdem bietet diese Methode auch die Chance der Überwindung von Denkblockaden. Um das zu erreichen, achten Sie bitte darauf, daß die Farben nicht nach Wunsch ausgesucht, sondern durch Zufall bestimmt werden!

Denkstühle

Mit „Denkstühlen" hat Walt Disney seine kreativen Prozesse unterstützt. Von ihm ist überliefert, daß er jeweils nacheinander in drei Rollen geschlüpft ist (und sich dafür stets auf einen bestimmten Stuhl gesetzt hat), um seine Ideen und Vorhaben aus verschiedenen Richtungen zu betrachten und sich dabei inspirieren zu lassen.

Die Rollen waren:

Der Träumer

In dieser Rolle hat er nach Lust und Laune Visionen entwickelt, Luftschlösser gebaut und seiner Phantasie freien Lauf gelassen. Die Grenzen der Vernunft und des Machbaren waren ihm dabei egal. Je verrückter, desto besser.

Der Realist

In dieser Rolle hat er sich lieber auf seinen Verstand verlassen. Er hat zwar die verrückten Einfälle des Träumers mitgenommen in diese Rolle, sich jedoch nun ernsthaft damit befaßt, was er davon umsetzen könnte, und wie er dabei vorgehen müßte.

Der Kritiker

Als Kritiker hat er dann noch einmal die Denkergebnisse des Realisten unter die Lupe genommen. Geht das überhaupt? Will ich es wirklich? Wird sich die Mühe lohnen? Mit welchen Problemen muß ich rechnen?

Stellen Sie sich vor, Sie wollten ein Haus bauen. Springen Sie dann nicht auch immer wieder zwischen den Rollen des sehnsüchtigen Träumers, des rechnenden Realisten und des zweifelnden Kritikers hin und her?

Um wirklich in jeder Rolle gründlich zu denken, sollten Sie in Ihrer Wohnung drei Stühle für diese Zwecke vorsehen. Zum Beispiel setzen Sie sich als Träumer immer in den linken Sessel der Garnitur, als Realist immer auf den vorderen Küchenstuhl und als Kritiker immer auf den Hocker im Bad.

Parteiensicht

Die Technik der Parteiensicht ist für Teams mit vier bis sechs Personen gut geeignet, um eine Sache von verschiedenen Seiten zu beleuchten.

Es wird dazu ein Thema, ein Vorschlag oder ein Vorhaben präsentiert, und jeder Teilnehmer der Runde vertritt dann eine Partei, die von der Sache betroffen ist oder sich einmischen könnte.

Beispiel:

Die Fahrraddiebstähle haben Überhand genommen. Eine Statistik sagt, daß jeder dritte Radler auf einem gestohlenen Fahrrad sitzt. Man überlegt, ob nicht auch für Fahrräder – ähnlich wie für Autos – Kennzeichen und Fahrzeugpapiere eingeführt werden müssen. Grundsätzlich hat dann jeder Radler den Herkunftsnachweis für sein Fahrrad mitzuführen und auf Anfrage vorzuzeigen.

Im ersten Schritt wird eine Liste von Personen oder Parteien aufgestellt, die zu diesem Thema eine Meinung haben werden: Polizei, Radfahrer, Fahrradhändler, Versicherungen, Politiker verschiedener Parteien …

Durch Zufallsprinzip werden Parteien und Teilnehmer der Runde zugeordnet. Nach kurzer Vorbereitung kann die Diskussion losgehen. Jede Partei argumentiert aus eigener Sicht für oder gegen den Vorschlag oder besteht auf bestimmten Bedingungen …

Ein wesentlicher Vorteil dieser Technik liegt auch wieder darin, daß die Teilnehmer sich nicht zu früh in ihre eigenen Meinungen verbeißen und blind werden für die Sichtweisen anderer.

In Unternehmen wird diese Methode gerne angewendet, wenn eine Änderung oder Neuerung eingeführt werden soll, man jedoch mit Bedenken oder Sonderwünschen aus verschiedenen Richtungen rechnen muß. Man kann sich damit auf die Argumentationen der Parteien vorbereiten und dann gut gerüstet in die Diskussion hineingehen.

Aufgabe: Bürger-Berater

Stellen Sie sich vor, Sie und Ihr Team sind Mitglieder des Gemeinderates. Um das Sicherheitsgefühl der Bewohner zu erhöhen, hat jemand den Vorschlag eingebracht, „Bürger-Berater“ einzuführen. Das sollen Personen mit folgenden Aufgaben sein:

- regelmäßig die Straßen zu Fuß ablaufen und auf Verdächtiges achten und
- für Fragen der Bürger im Zusammenhang mit städtischen Angelegenheiten zur Verfügung stehen.

Es haben sich bereits kritische Stimmen gemeldet, die sogar den Begriff „Blockwart“ ins Gespräch brachten. Auf der anderen Seite beklagen sich die Menschen, daß man nichts für ihre Sicherheit tut.

Verteilen Sie in Ihrem Team die Denkhüte.

Aufgabe: Neue Steuern braucht das Land!

Die Steuereinnahmen reichen nicht mehr aus. Das hat sicherlich verschiedene Gründe. Bisherige Einnahmequellen sind versiegt, die Steuermoral ist nicht so, wie sie der Finanzminister möchte, es wird noch viel zu viel an öffentlichen Geldern verschwendet …

Entwickeln Sie Ideen mit Hilfe Ihrer Denkstühle!

Synektik

Die Technik der Synektik wurde in den sechziger Jahren vom Amerikaner William Gordon entwickelt. Im Grunde geht es dabei immer um die Verfremdung eines Problems und die Bildung von Analogien. Technische Probleme werden zum Beispiel mit Vorbildern aus der Natur in Verbindung gebracht. Man denke nur an den Fallschirm und den Samenflug der Pusteblume, an Radarschirme und die Orientierungsweisen der Fledermäuse.

Die Synektik eignet sich für Gruppenarbeiten, muß jedoch unbedingt einige Male geübt werden. Die kreativen Denkprozesse sollen dadurch erreicht werden, daß alle Beteiligten sich zunächst durch Verfremdungen sehr weit vom Thema entfernen und jede Form der Betriebsblindheit und Denkgewohnheiten hinter sich lassen. Das stellt hohe Anforderungen an die vier bis acht Personen einer Arbeitsgruppe.

Die zehn Schritte der Synektik sind:

1. *Formulieren des Problems*
   Der Moderator stellt das zu lösende Problem vor und stellt sicher, daß jeder der Teilnehmer es genau verstanden hat. Wer zu diesem Zeitpunkt bereits Informationen darüber besitzt, bringt sie jetzt in die Gruppe ein.
2. *Brainstorming*
   Die Teilnehmer nennen Lösungsvorschläge, die ihnen spontan in den Sinn kommen. Diese werden am Flipchart oder an der Pinnwand gesammelt, ohne sie jedoch zu bewerten.
3. *Neuformulieren des Problems*
   Durch das Brainstorming ergeben sich oft neue Aspekte. Um wieder einen gemeinsamen Ausgangspunkt zu finden, wird die Problemformulierung noch einmal überarbeitet.
4. *Bilden einer „direkten Analogie“*
   Der Moderator gibt einen fremden Bereich vor, und die Teilnehmer finden dort eine Lösung für ein ähnliches Problem.

Meistens wird als fremder Bereich die Natur gewählt, weil dort unglaublich viele Problemlösungen zu finden sind. Man kann sich jedoch auch in Bereiche wie die Musik, die Literatur, die Geschichte etc. begeben.

Aus den gesammelten Analogien wird schließlich eine für die Weiterarbeit ausgewählt.

5. *Bilden einer „persönlichen Analogie“*

   Auf der Basis der ausgewählten Analogie des vierten Schrittes findet jeder Teilnehmer nun für sich Antworten auf Fragen wie: „Wie würde ich mich dabei fühlen?“ „Wie würde es mir damit ergehen?“ „Wie verhalte ich mich als …?“ „Was würde ich an Stelle von … tun?“

   Auch aus diesen Vorschlägen wählt die Gruppe wieder einen für die Weiterarbeit aus.

6. *Bilden einer „symbolischen Analogie“*

   Die Teilnehmer suchen nun ungewöhnliche Vergleiche mit Formen, Gerüchen, Bildern, Klängen oder auch Wortspielereien und Paradoxa. Das Problem soll in dieser Phase aus dem rein logischen auch ins spielerische Denken übertragen und verfremdet werden.

   Wieder wählt die Gruppe einen Vorschlag als Basis für die Weiterarbeit aus.

7. *Bilden einer neuen „direkten Analogie“*

   Der Moderator gibt wieder einen fremden Bereich vor, und die Teilnehmer bilden dazu eine Analogie.

   Eine bis drei Lösungen werden für die Weiterarbeit ausgewählt.

8. *Analysieren der Lösungen*

   Für jede der soeben ausgewählten Lösungen werden alle Merkmale, Prinzipien, Anwendungen etc. aufgelistet. Was zeichnet diese Lösung aus? Wie funktioniert sie?

An dieser Stelle hat sich die Gruppe sehr weit vom eigentlichen Problem entfernt. Beim nächsten Schritt muß sie radikal zurück. Es empfiehlt sich deshalb, jetzt eine Pause zu machen, damit alle wieder erfrischt an die Arbeit gehen können.

9. *Force Fit*
   Unter „force fit“ kann man sich „erzwungene Anpassung“ oder „zwangsweise Einigung“ vorstellen. Die Teilnehmer müssen nun mit den Ergebnissen aus dem achten Arbeitsschritt zurück zum Ausgangsproblem. Was bedeuten die Merkmale, Prinzipien, Anwendungen und Funktionsweisen der letzten Analogie für das zu lösende Problem?
   Die Gruppe muß (Zwang!) jetzt zu brauchbaren (!) Ideen für das eigentliche Problem kommen.
   Dieser Zwang ist notwendig, damit sich die Sitzung nicht zu einer scheinkreativen Spielerei mit nur absurden und letztlich nutzlosen Ideen entwickelt.
10. *Formulieren von Lösungsansätzen*
    Gemeinsam werden nun eine oder mehrere Lösungen formuliert. Diese müssen in der Regel anschließend im Detail ausgearbeitet werden. Der kreative Prozeß ist nun abgeschlossen.

Um das Vorgehen zu veranschaulichen, sei hier ein Beispiel angeführt. Das Problem eines Bauunternehmens besteht darin, daß zunehmend nachts wertvolle Baumaschinen gestohlen und bis zum nächsten Morgen über die Grenze ins Ausland geschafft werden. Was kann man tun?

1. *Formulieren des Problems*
   Die Maschinen werden immer nach Feierabend, wenn niemand mehr auf der Baustelle ist, gestohlen. Für Anwohner und Passanten sind die Diebe nicht von regulären Bautrupps zu unterscheiden. An den Grenzen treten die Banden ebenfalls als Bautrupps mit gefälschten Papieren auf.
2. *Brainstorming*
   Nachtwächter, Alarmanlagen in den Maschinen, Maschinen massiv verketten, Maschinen unverwechselbar kennzeichnen, in drei Schichten 24 Stunden arbeiten, abends wichtige Teile aus den Maschinen ausbauen und mitnehmen …

3. *Neuformulieren des Problems*
   Keine Änderung. Zusatzidee: Man sollte die Möglichkeit enger Zusammenarbeit mit anderen Bauunternehmen in dieser Hinsicht prüfen.
4. *Bilden einer „direkten Analogie" (Bereich: Natur)*
   Vögel schützen ihre Eier durch getarnte Nester oder ständiges Bebrüten, Eichhörnchen vergraben ihre Nüsse, Hunde verteidigen ihre Reviere vor Eindringlingen, Ameisenvölker haben „Soldaten" vor den Eingängen ihrer Behausungen (ausgewählt für die Weiterarbeit), Paviane klauen gerne von Safaritouristen …
5. *Bilden einer „persönlichen Analogie"*
   Was würde ich tun, wenn ich stehlen wollte und wüßte, daß die Baustelle ständig bewacht ist? Ablenken? Wächter zum bezahlten Mittäter machen? (ausgewählt für die Weiterarbeit) Wächter überwältigen? …
6. *Bilden einer „symbolischen Analogie"*
   „Kannst du ihn nicht besiegen, mach ihn dir zum Freund.", „Geld stinkt nicht.", „Jeder ist käuflich.", Beschützerinstinkte nutzen, etwas bleibt an den Fingern kleben (ausgewählt), Theaterkulissen müssen komplett bleiben …

7. *Bilden einer neuen „direkten Analogie" (Bereich: Technik)*
   Magnete halten fest, Mausefallen greifen zu und lassen nicht mehr los, es gibt unlösbare Kleber …

8. *Analysieren der Lösungen*
   - Magnettechnik: Merkmale von elektrotechnisch gesteuerten Magneten zusammenstellen
   - Temporäres Verkleben der Maschinen …
9. *Force Fit*
   Was kann von der Magnet- oder Klebetechnik auf unser Problem übertragen werden?
10. *Formulieren von Lösungsansätzen*
   Idee: Damit die Maschinen nicht so leicht gestohlen werden können, sollen sie abends alle unlösbar miteinander verbunden werden. Geht das mit vertretbarem Aufwand? Wie?

   Ab hier müssen nun Fachleute das Problem übernehmen.

Bionik

Der Begriff „Bionik" ist eine Wortschöpfung aus Biologie und Technik. Es geht darum, daß man sich für technische Probleme analoge Vorbilder in der Natur sucht. Insofern ist die Bionik die „schmalere" Variante der Synektik.

Bekannte Beispiele sind:

- die Klette als Vorbild für den modernen Klettverschluß,
- das Gefieder von Wasservögeln als Vorbild für wasserdichte, jedoch luftdurchlässige Stoffe,
- die Fortbewegung der Quallen durch Rückstoß als Vorbild für den Antrieb von Raketen.

Bei der Bionik geht man in vier Schritten vor:

1. *Definition des Problems*
   Beispiel: Es hat sich herausgestellt, daß für Geldautomaten die geheimen Codes als Sicherheitssperre nicht ausreichen. Wie kann man garantieren, daß ausschließlich berechtigte Personen Geld aus dem Automaten ziehen können?

2. *Analogien aus der Natur*
   Bienen, Wespen, Termiten und Ameisen erkennen fremde Eindringlinge. Spinnen unterscheiden auch, ob sich ein Beutetier oder ein paarungswilliges Männchen am oder im Netz befindet. Viele blutsaugende Insekten wissen, wann sie sich auf einen potentiellen Wirt fallen lassen sollen.
3. *Analyse der Vorbilder aus der Natur*
   Woran und wie unterscheiden die Tiere? Sehen sie schärfer? Merken sie sich Gerüche oder bestimmte Bewegungsabfolgen? Fühlen sie Temperaturen oder chemische Substanzen ab?
   Fallen die Tiere auch auf Tricks von Räubern (z.B.Ameisenbär) herein? Wie machen es die Räuber?
4. *Ableiten der Erkenntnisse von der Natur auf das zu lösende Problem*
   Kann man dem Geldautomaten „beibringen", unverwechselbare Merkmale von Individuen zu erkennen? Was ist zu tun, wenn ein Konto rechtmäßig von mehreren Personen benutzt werden soll?

Ähnlich könnte man auch an das Problem der zerfallenden Bücher in Bibliotheken herangehen. Hat die Natur Techniken zur „ewigen" Haltbarmachung entwickelt? Sind Insekten in Bernsteinen ein mögliches Vorbild?

Bisoziation

Bei der Assoziation verknüpfen wir Gedanken, Vorstellungen und Ideen. In der Psychologie wird mit dieser Technik gearbeitet. Der Psychologe gibt zum Beispiel den Begriff „Frosch" vor, und der Klient assoziiert: nackt, kalt, schutzlos …

Bei der Bisoziation werden Gedanken, Vorstellungen und Ideen aus zwei völlig unterschiedlichen Denkdimensionen miteinander kombiniert.

Man geht dabei in folgenden Schritten vor:

1. *Definition des Problems*
   Jedes Jahr gibt es unweigerlich Massenunfälle in Nebelbänken. Alle Warnungen und Verbote haben nichts an der Unvernunft vieler Raser geändert. Jetzt muß das Problem von allen Seiten beleuchtet werden: Trifft es nur bestimmte Fahrertypen (z.B. Führerscheinneulinge, ältere Fahrer) oder Autotypen (z.B. LKW, Sportautos)? Passiert es nach plötzlichen Wetterwechseln häufiger als bei regelmäßigen Nebellagen? Eher in den Morgen- oder in den Abendstunden? ...
2. *Bestimmen der zweiten Denkdimension*
   Man kann ganz gezielt eine Dimension bestimmen: – Medizin – Gibt es Krankheiten, die wiederholt auftreten, die offensichtlich auf einem Mangel an Einsicht der Betroffenen beruhen?
   Man kann auch den Fernseher einschalten und festlegen, daß die zweite Denkdimension aus dem Gebiet kommen muß, das zufällig gerade im Sender XY eine Rolle spielt. Wenn es sich um eine Nachrichtensendung handelt, dann kann sich die zweite Denkdimension auf ein bestimmtes Land beziehen. Wenn gerade ein Krimi läuft, dann ist Kriminalistik die zweite Dimension.
3. *Analogien suchen*
   In der zweiten Denkdimension werden nun vergleichbare Beispiele oder Probleme und Lösungen gesucht. Je mehr gefunden werden, desto besser.
4. *Transfer zum ursprünglichen Problem*
   Man übernimmt jetzt der Reihe nach die Ergebnisse aus dem dritten Schritt und paßt sie so an, daß sie im Zusammenhang mit dem eigentlichen Problem „funktionieren".
   Medizin: Jedes Jahr im Karneval vernachlässigen viele Menschen die Aids-Gefahr. – Ein Karnevalsverein wirft neben den Bonbons auch Kondome in die Menge. Bringt das was? – Was müßte man den Autofahrern „zuwerfen", die Nebelbänke durchfahren?

Kriminalistik: Immer wieder lassen sich im Schlußverkauf viele Kunden an den Grabbeltischen die Handtaschen leerräumen. – Die Kaufhäuser sprechen regelmäßig Warnungen durch die Lautsprecher. Macht das die Kunden aufmerksam? – Wie könnte man die Autofahrer in der Gefahrensituation „ansprechen"?

Wie Sie sicherlich erkannt haben, ist die Bisoziation sehr eng mit der Bionik verwandt. Diese wiederum findet sich als Teil in der Synektik wieder.

Bei allen drei Methoden geht es letztlich darum, daß wir zur Lösung eines Problems bewußt das Fach- oder Sachgebiet verlassen, in dem sich das Problem befindet und gezielt in ganz anderen Bereichen nach Vorbildern, Lösungen und Anregungen suchen.

Morphologischer Kasten

Der morphologische Kasten wurde vom Schweizer Astrophysiker Fritz Zwicky entwickelt. Anders als bei den meisten Kreativitätstechniken wird hier sehr strukturiert gearbeitet. Deshalb kommt diese Technik auch selten ganz am Anfang eines kreativen Prozesses zum Einsatz, sondern erst dann, wenn das Thema schon recht gut durchdacht ist und lediglich weitere Details hinzugefügt oder letzte Entscheidungen getroffen werden sollen. Das Arbeiten mit dem morphologischen Kasten eignet sich auch im Bereich der Verbesserung von bestehenden Produkten oder Abläufen oder bei der Auswahl von Dingen.

Beispiele:

- Wie könnte der Kundendienst verbessert werden?
- Nach welchen Kriterien sollte der Standort für eine neue Niederlassung ausgewählt werden?
- Welche Erweiterungen für das bestehende Datenbanksystem könnten sinnvoll sein?

Man geht in fünf Schritten vor:

1. *Festlegen der Kategorien*
   Wenn Sie zum Beispiel eine neue Software entwickeln lassen wollen, dann könnten die Kategorien sein: Funktionen, Dokumentation, Benutzeroberfläche etc. Mehr als maximal sieben Kategorien sollten Sie nicht bestimmen, weil sonst die Übersichtlichkeit verloren geht.
2. *Sammeln der Ausprägungen oder Eigenschaften zu den Kategorien*
   Zur Kategorie „Dokumentation" könnten folgende Eigenschaften gehören: verständlich, mehrsprachig, einheitliche Gestaltung etc.
3. *Füllen des morphologischen Kastens*
   Die Kategorien werden in der linken Spalte aufgelistet. In den Zeilen finden jeweils die Ausprägungen oder Eigenschaften ihren Platz.

Funktionen	Helptaste	Rücksprünge	Direktausgabe
Dokumentation	verständlich	mehrsprachig	einheitliche Gestaltung
Benutzer-oberfläche	Windows	eingene	vom Benutzer gestaltet

4. *Festlegen der Kombinationen*
   Jetzt kann jede Eigenschaft oder Ausprägung mit jeder anderen kombiniert werden. Dabei stellt man fest, daß manche eigentlich sehr gute Eigenschaft schließlich doch nicht so gut zu einer bestimmten Kombination paßt. Andere Eigenschaften, die im Grunde nicht besonders bedeutsam sind, können hingegen genau das i-Tüpfelchen sein, wenn sie mit anderen kombiniert werden.

5. *Entscheidung für die beste Lösung*
   Aus den verschiedenen Kombinationen wird schließlich die beste ausgesucht und in die Praxis umgesetzt.

Reizwortanalyse

Die Reizwortanalyse gehört zu den sehr freien Kreativitätstechniken. Hierbei sollen bewußt auch „verrückte" Einfälle zugelassen werden. Vor allem im künstlerischen Bereich, in der Werbung oder im Marketing hat sie sich bewährt.

Es geht darum, zu einem Problem durch den Anreiz eines beliebigen Wortes Ideen zu produzieren.

Wie man zu dem „Reizwort" kommt, ist egal. Man kann mit einem Messer zwischen die Seiten der Bibel oder eines Karl May-Romans stechen und dort das erste oder zehnte oder sonstige vorher festgelegte Wort nehmen. Man kann auch mit einer Arbeitsgruppe Wörter auf kleine Zettel schreiben und in einer Schachtel sammeln. Wichtig ist, daß die Teilnehmer der Runde beim Sammeln der Wörter das Problem noch nicht kennen. Jeder schreibe zum Beispiel zwanzig Wörter auf jeweils einzelne kleine Zettel. Später wird dann aus dem Zettelkasten gezogen.

Bei der Reizwortanalyse geht man in vier Schritten vor:

1. *Das Problem wird so definiert, daß jeder die gleiche Vorstellung davon hat.*
   Beispiel: Wie kann das Image des Unternehmens am Markt verbessert werden?
2. *Es werden maximal fünf Reizwörter durch Zufallsprinzip gefunden.*
   Beispiele: Eichhörnchen, Fahrrad, Kastanie, Kaffeekanne, PC

3. *Jedes Reizwort wird für sich analysiert:*
   Wenn das Reizwort „Eichhörnchen“ ist, wird jetzt gesammelt, was ein Eichhörnchen ausmacht: Es ist flink. Es lebt im Wald. Es sammelt Vorräte. Man kann es zähmen. Es ist niedlich. etc.
   Für „Fahrrad“ käme man auf Bestimmungen wie: Es muß nicht betankt werden. Es wird leicht gestohlen. Man kann es auf dem Auto transportieren. Es ist ein Sportgerät. Es belastet die Umwelt nicht. etc.
4. *Zwischen dem Reizwort und dem Problem wird eine Verbindung hergestellt.*
   Was haben ein Eichhörnchen und unser Unternehmen gemeinsam? Worin könnten die Ähnlichkeiten zwischen einem Image und einem Fahrrad bestehen?

Die Reizwortanalyse macht Spaß. Es besteht jedoch immer die Gefahr, daß sich so schnell keine Verbindung zwischen dem Reizwort und dem Problem herstellen läßt. Aus Enttäuschung könnten die Teilnehmer des Kreativ-Workshops zu absurden und albernen Lösungen Zuflucht nehmen, und das ganze endet in Spielerei. Befaßt man sich jedoch ernsthaft damit, so wird durch diese Methode auch dann die Kreativität trainiert, wenn man letztlich tatsächlich keine brauchbare Lösung dabei finden konnte. Auf jeden Fall werden beim Suchen nach Verbindungsmöglichkeiten die bisherigen Denkgewohnheiten verlassen.

Aufgabe: Hat die Bibel recht?

• In vielen deutschen Städten herrscht das Problem, daß die Einzelhändler ihre Kunden an die Einkaufszentren draußen auf dem freien Land verlieren. Dort finden die Verbraucher bequem zu erreichende Parkplätze und immer mehr auch das „Kauferlebnis“ mit Passagen zum Bummeln und Cafés zum „Sehen und Gesehen werden“. Als weitere Konkurrenz kommen nun auch noch die neuen Einkaufsmöglichkeiten via Internet hinzu.

Wie müßte man vorgehen, wenn man wieder mehr Menschen zum Einkaufen in die Innenstädte ziehen wollte?

- Stellen Sie sich vor, Sie sollten einem Freund, der sich mit einem Dienstleistungsunternehmen selbständig machen möchte, helfen, eine erfolgversprechende Geschäftsidee zu finden. Dieser Freund verfügt über Eigenkapitel von 60.000,- DM und zusätzlich für ein Jahr über ausreichende Mittel für den Lebensunterhalt. Die Frage ist: Welche Dienstleistung würde sich am Markt behaupten, so daß nach einem Jahr die Einkünfte daraus zumindest die Existenz sichern würden?

- Wählen Sie eines der beiden obigen Probleme oder ein eigenes aus Ihrem beruflichen oder privaten Umfeld aus, und lassen Sie sich bei der Problemlösung von drei Reizwörtern aus der Bibel (oder einem anderen Buch) anregen. Schieben Sie an drei verschiedenen Stellen ein Messer zwischen die Seiten, und nehmen Sie jeweils das zweite Substantiv auf der vierten Zeile der linken Seite. Sie dürfen keines der so gefundenen Reizwörter ablehnen und womöglich so lange mit dem Messer hantieren, bis Ihnen ein Wort gefällt!

Aufgabe: Lion‘s Delight – Das Traumhotel

Entwickeln Sie bitte ein Konzept für ein Hotel innerhalb eines Safari-Parks speziell für Touristen, die Freude an der Tierbeobachtung haben. Die Gäste werden sich voraussichtlich ein bis zwei Wochen im Hotel aufhalten und müssen entsprechend gut unterhalten sein. Das gilt auch für die Zeiten, in denen die Tiere ruhen oder aus anderen Gründen nicht zu sehen sind.

Was müßte ein solches Hotel bieten? Wie sollte es aussehen?

Arbeiten Sie mit den Techniken des Brainstormings und des morphologischen Kastens.

Aufgabe: Erfindermesse

Stellen Sie sich vor, demnächst wird eine Erfindermesse stattfinden. Dort sollen interessante neue Erfindungen für den täglichen Alltagsgebrauch ausgestellt werden.

Im ersten Schritt stellen Sie bitte 50 Ideen zusammen, was längst schon hätte erfunden oder entwickelt werden müssen. Das könnten zum Beispiel sein:

- kalorienfreie Schokolade
- Hundefutterzugaben, die Häufchen auf Bürgersteigen automatisch auflösen
- Brillengläser, die sich selbständig anpassen, je nachdem, ob der Träger gerade in die Ferne schaut oder etwas lesen will
- Autosicherungen, die einen Autoknacker wie in einer Falle festhalten
- Weihnachtskerzen, die sich selbst löschen, wenn sie mit Tannennadeln oder Engelhaar in Berührung kommen

Schreiben Sie die 50 Ideen auf kleine Zettel. Ziehen daraus zufällig drei heraus. Zu diesen drei Ideen entwickeln Sie Lösungsansätze mit den Techniken der Synektik und/oder Bionik und/oder Bisoziation.

Wenn Sie mit einer Gruppe arbeiten, sollten mindestens hundert Ideen für die Erfindermesse zusammenkommen!

WAVE

Wave bedeutet *Welle*. Es kann sich um die Welle handeln, die Widerstände oder Gegensätze wegspült. Man kann es auch so betrachten, daß man andere auf die „gleiche Wellenlänge" bringt, also für etwas einstimmt oder einnimmt.

Gehen Sie zur Vorbereitung auf das Überzeugungsgespräch nach der WAVE-Methode in vier Phasen vor:

W – Widerstände sammeln
A – Argumente vorbereiten
V – Verlockende Formulierungen entwickeln
E – Erfolgserwartung aufbauen

Nehmen Sie drei Blätter Papier. Sammeln Sie auf dem ersten unter der Überschrift „Widerstände" alle nur denkbaren Widerstände, Gegenmeinungen und Ablehnungsgründe, die andere gegen Ihre Neuerungen einbringen könnten.

Erst, wenn Ihnen zu den Widerständen nichts mehr einfällt, nehmen Sie das zweite Blatt Papier und sammeln unter der Überschrift „Argumente" alles, was für Ihr Anliegen, für Ihre Neuerung oder Änderung spricht.

Die Gefahr bei jedem Überzeugungsversuch ist, daß er zu rechthaberisch oder schulmeisterhaft wirkt. Man will mit den „besseren" Argumenten überzeugen und erreicht oft nur, daß die anderen sich über den „Oberlehrerton" ärgern und sich erst recht in ihre ursprüngliche Meinung festbeißen. Um das zu verhindern, sollten Sie sich gegen die Neigung zur Rechthaberei wappnen. Nehmen Sie das dritte Blatt Papier und schreiben Sie unter der Überschrift „Verlockende Formulierungen" in wörtlicher Rede – genauso, wie Sie es aussprechen werden – Ihre positiven und möglichst verführerisch klingenden Argumente.

Die meisten Menschen erleben Dinge oder Vorhaben dann als „verlockend", wenn sie erkennen oder den Eindruck gewinnen, daß:

… es ihr Selbstwertgefühl oder ihr Prestige vor anderen stärkt.
… es ihrer eigenen Bequemlichkeit oder Sicherheit dient.
… sie selbst darüber oder über große Teile davon entscheiden dürfen.
… sie dabei einen materiellen oder anderen Vorteil haben.
… man ihnen dafür später dankbar sein wird.
… sie damit jemandem, den sie nicht mögen, „eins auswischen" können.

Wenn Sie Ihre verlockenden Formulierungen zusammengestellt haben, dann bringen Sie sich im vierten Schritt in eine *positive Erfolgsstimmung*. Sie können sich auf den Rücken legen oder entspannt auf einen Stuhl setzen, die Augen schließen und sich gedanklich ganz in die zu erwartende Verhandlung hineinversenken. Spielen Sie im Geiste durch, wie Sie in nettem (!) Gespräch und in harmonischer Atmosphäre voller gegenseitigem Wohlwollen den anderen auf Ihre Seite bringen. Sie wollen keine Widerstände brechen, keine Dummheiten durch Belehrungen ausräumen und keinen Wettstreit um den größten Redeanteil führen. Im Gegenteil! Ihr Ziel ist, daß der andere sich im Gespräch mit Ihnen entspannt und sich dadurch für Ihre Sichtweise öffnet.

Die Wave-Methode eignet sich auch sehr gut, wenn Sie etwas von sich abwehren oder „wegspülen" wollen. Stellen Sie sich vor, ein guter Freund möchte während Ihres Urlaubs Ihr Auto leihen. Sie wollen das nicht, scheuen jedoch auch davor zurück, daß Ihr Freund sich vor den Kopf gestoßen fühlt. Bereiten Sie sich auf das Gespräch vor:

W – *Widerstände bei mir*
Sammeln Sie alle Gründe, warum Sie nicht wollen.
A – *Argumente der Gegenseite*
Mit welchen Argumenten wird man Sie vermutlich überzeugen oder auch ein wenig unter Druck setzen wollen?

V – *Verteidigung meines Standpunktes*
Sammeln Sie nun Bausteine, mit denen Sie Ihren Standpunkt verteidigen können. Dabei müssen Sie nicht unbedingt wahre Argumente nennen. Sie können sich auch Ausreden („Ich habe schon meinem Schwager versprochen, daß er sich jederzeit den Wagen nehmen darf.") ausdenken. Wichtig ist, daß Sie einen oder zwei Gründe nennen können, die der andere nicht widerlegen kann, die ihn jedoch auch nicht verletzen. Mehr als zwei sollten Sie niemals nennen, um Ihre Glaubwürdigkeit zu erhalten. – „Wer viel redet, redet sich raus."

E – *Erfolgserwartung*
Üben Sie innerlich, wie Sie lächelnd und ohne vorsichtiges Herumtaktieren ablehnen. Üben Sie innerlich den festen Blick und die klare Sprache, mit der Sie freundschaftlich, aber unmißverständlich nein sagen werden.

Fischteich

Die Übung „Fischteich" ist zunächst nicht dazu gedacht, zu einem bestimmten Problem eine Lösung zu finden. Sie dient vielmehr dem *Training der kreativen Intelligenz*. Man kann jedoch später die „Fische" anstelle von Reizwörtern oder bei der Bisoziation zur Bestimmung der zweiten Denkdimension für konkrete Probleme „angeln".

Wenn man als Spaziergänger an einem Fischteich steht, dann sieht man nur die Wasserfläche und manchmal einen Schatten, der andeutet, daß sich etwas unter der Oberfläche bewegt. Aber man weiß, welches rege Leben sich da unten tummelt. Große und kleine Fische wimmeln im Teich herum.

Das Bild des Fischteichs kann als Symbol für das gemeinsame Wissen eines Kulturkreises dienen. Die Fische darin sind die „Volksweisheiten", die sich oft in Sprichwörtern ausdrücken.

Legen Sie nun einen Fischteich an. Sie haben eine halbe Stunde Zeit, um möglichst viele – mindestens jedoch dreißig – Sprichwörter der „Volksweisheit" auf kleine Zettel zu schreiben und diese zusammengefaltet in einen Behälter zu werfen:

- „Sich regen bringt Segen."
- „Lügen haben kurze Beine."
- „Morgenstund hat Gold im Mund."
- „Wer den Pfennig nicht ehrt, ist des Talers nicht wert."

Wenn die halbe Stunde abgelaufen ist, rühren Sie den „Fischteich" gut um. „Angeln" Sie dann blind drei „Fische" heraus. Nun haben Sie wiederum eine halbe Stunde Zeit für den zweiten Teil der Übung: Fertigen Sie für jedes der drei geangelten Sprichwörter eine bildliche Darstellung an. Sagen Sie nicht, daß Sie nicht zeichnen können! Stellen Sie – ganz unkünstlerisch – die Aussagen der drei Sprichwörter in jeweils einem Bild dar.

Durch diese Übung aktivieren Sie Ihre rechte Gehirnhälfte. Diese Übung eignet sich sehr gut als Einstimmung für Ihre Arbeitsgruppe vor einem Kreativitäts-Workshop, wenn Sie anschließend zum Beispiel ein Mind-Mapping durchführen wollen. Diese Übung kann auch im Verlauf eines Synektik-Prozesses vor dem neunten Arbeitsschritt, dem „Force Fit", mit Erfolg eingesetzt werden.

Der Mafia-Film und seine Stars

Auch diese Übung trainiert durch bildliche Vorstellungen die rechte Gehirnhälfte. Hier geht es darum, andere Menschen einmal durch eine ungewohnte „Brille" zu betrachten und dabei die Phantasie spielen zu lassen.

Schreiben Sie jetzt eine Liste mit Namen von Personen aus Ihrem Verwandten-, Bekannten- und Kollegenkreis, die Ihnen sympathisch sind.

Nun stellen Sie sich vor, daß Sie eine Künstleragentur leiten. Die Personen auf Ihrer Liste sind die von Ihnen betreuten Schauspieler, die alle liebend gerne ein Engagement hätten. Es ist natürlich Ihre Aufgabe, dafür zu sorgen, daß Sie den Regisseuren solche Schauspieler anbieten, die die geforderte Rolle vermutlich glaubhaft spielen können.

Es soll ein großer Mafia-Film gedreht werden. Dazu müssen folgende Rollen besetzt werden:

Leiche

Ein Spieler, der über längere Strecken des Geschehens still und starr liegen kann und möglichst blaß aussieht.

Grabredner

Ein Spieler, der eine knochentrockene, traurige und ein wenig langweilige Rede am Grab halten kann.

Rächer

Ein Spieler, der wilde Entschlossenheit, Rachsucht und Zorn furchterregend darstellen kann.

Erbschleicher

Ein Spieler, dem es gelingt, sich als Pfiffikus voller hinterlistiger Tricks zu präsentieren.

Tröster

Ein Spieler, der glaubhaft liebevolles Eingehen auf die Hinterbliebenen spielen kann.

Pate

Ein Spieler, dem man das eiskalte und hochintelligente Oberhaupt der Mafia-Familie abnimmt.

Kommissar

Ein Spieler, der einem traditionellen Krimi entstiegen sein könnte, der überzeugend den wackeren Beamten bei der Wahrheitsfindung mimt.

Privatdetektiv

Ein Spieler, der während der Filmhandlungen im wesentlichen mit Trenchcoat und Schlapphut unterwegs ist und durch düstere Orte schleicht.

Politiker

Ein Spieler, der einen machthungrigen Politiker im Wahlkampf darstellen kann, der sich einerseits der Mafia für seine Ziele bedient, der jedoch andererseits erpreßt wird, weil er der Mörder ist.

Setzen Sie neben jede der Rollen den Namen der Person aus Ihrer Liste, die Sie für eine geeignete Besetzung halten würden. Kein Name darf doppelt verwendet werden. Anschließend fügen Sie bei jeder Rolle eine „Zweitbesetzung" hinzu. Dabei dürfen Sie bereits vergebene Namen noch einmal vergeben.

Machen Sie das gleiche noch einmal. Aber: Wo Sie vorhin einen Mann als Schauspieler vorgesehen haben, muß jetzt eine Frau eingesetzt werden und umgekehrt. Für den Drehbuchautor ist es überhaupt kein Problem, die Rollen einfach umzuschreiben.

Intuition – Wissen aus dem Bauch?

Intuition wird häufig mit „Feeling" oder „Witterung" oder auch „Gefühl" umschrieben. Es ist das Phänomen, daß wir manchmal wissen, was richtig ist oder was auf uns zukommt, ohne daß wir sagen könnten, woher wir das eigenlich „wissen".

Rationales und analytisches Denken basiert auf Fakten, aus denen ein logischer Schluß gezogen wird. Kreatives Denken besteht in der Kunst der Neuschöpfung oder der neuartigen Kombination von Bekanntem. Insofern ist auch die Kreativität eine Leistung des Verstandes. Intuition hat weniger mit unserem Verstand, sondern in erster Linie mit unserem Unterbewußtsein zu tun. Weil wir es selber spüren, daß wir intuitives Wissen nicht „erdacht" haben, sagen wir lieber: „Ich habe das im Gefühl." Oder auch: „Mir schwant etwas."

Es gibt einen Berufsstand, der fast nur von Intuitionen lebt: Das sind die Börsenmakler. Natürlich brauchen sie eine Menge an Fach- und Branchenwissen, aber erfolgreich sind sie erst, wenn die Intuition richtig mitspielt. Führungskräfte und Manager brauchen Intuition bei der Personalauswahl, für Entscheidungsprozesse, zum rechtzeitigen Erkennen von Marktchancen und Trends …

Auch Sie stehen sicherlich immer wieder vor Entscheidungen, bei denen Sie nicht die Möglichkeit haben, zuvor schlüssig zu analysieren, welcher Weg der richtige ist. Dann müssen Sie sich auf Ihre Intuition verlassen.

Intuition ist kein Wissen aus dem Bauch, sondern die Fähigkeit, Signale aus dem Unterbewußtsein wahrzunehmen. Unser Unterbewußtsein nimmt viele Dinge über unsere Sinnesorgane auf, die unser Bewußtsein nicht verarbeiten kann. Wenn Sie zum Beispiel mit dem Auto fahren, können Sie hinterher nicht mehr sagen, ob an einer bestimmten Kreuzung ein Fahrrad mit einer Plastiktüte über dem Sattel am Drahtzaun lehnte. Sie mußten sich bei der Kreuzung auf ganz andere Dinge konzentrieren. Aber Ihre Augen haben das Rad gestreift. Ihr Unterbewußtsein kennt nun das Bild mit dem Fahrrad. Irgendwann kann es noch einmal eine Rolle in Ihrem Denken spielen. Vielleicht ist es dann im „Original" zu gebrauchen oder auch als Kombination mit anderen Sinneseindrücken, die Sie nie bewußt registriert haben.

Im folgenden sind zwei Methoden beschrieben, die Ihnen helfen können, sich bewußt für Ihre Intuition zu öffnen. Sie werden nicht beim ersten Mal „funktionieren". Wenden Sie sie im Laufe der kommenden Wochen und Monate öfter einmal an, und sehen Sie, was passiert.

Das Orakel

Verlassen Sie sich auf das Orakel, wenn Sie selbst mit einer Entscheidung auch nach reiflicher Überlegung nicht zum Ergebnis gekommen sind. Das Orakel kann Ihnen keine ausführlichen Anworten oder Ratschläge geben, sondern nur zwischen ja und nein oder A und B entscheiden.

1. *Das Problem*

   Beispiel: Ihr Arbeitgeber bietet Ihnen die Chance, für zwei Jahre eine Führungsposition in Peru zu übernehmen. Nach der Rückkehr werden Sie zwar in Deutschland wieder einen Arbeitsplatz im Unternehmen vorfinden, man kann Ihnen jedoch nicht garantieren, welcher das dann sein wird.

Seit einer Woche denken Sie über das Angebot nach. Ihr Ehepartner hat durchaus Lust, ein paar Jahre im Ausland zu verbringen, will jedoch Ihnen die Entscheidung überlassen.

2. *Die wichtigsten Gründe*
   Schreiben Sie drei wichtige Gründe für und drei wichtige gegen die Ausreise nach Peru auf.
   Beispiele für Pro-Gründe:
   - Ein Jugendtraum wird wahr.
   - Mit Auslandserfahrungen steigt Ihr persönlicher „Marktwert".
   - Ihre heutige Position ist ohnehin eine Karrierefalle. Peru wäre ein eleganter Ausstieg.

   Beispiele für Contra-Gründe:
   - Sie müßten die Kinder aus der gewohnten Schule nehmen.
   - Ihr Ehepartner würde in Deutschland seinen Job verlieren und findet in Peru vielleicht keinen neuen.
   - Während Ihrer Abwesenheit könnte es im Unternehmen zu Machtverschiebungen kommen. Sie hätten von Peru aus keine Chance mitzumischen, wenn interessante Positionen zu vergeben sind.
3. *Numerieren der Gründe*
   Zeigen Sie mit dem Finger auf einen der Gründe und würfeln Sie mit der anderen Hand eine Zahl. Das ist die Zahl für diesen Grund. Wiederholen Sie das, bis alle Gründe eine Zahl haben. Wird eine Zahl doppelt geworfen, wiederholen Sie den Wurf.
4. *Entscheidung des Orakels*
   Würfeln Sie genau einmal. Die Zahl, die jetzt fällt, bestimmt, ob Sie nach Peru gehen (Zahl eines Pro-Grundes) oder nicht (Zahl eines Contra-Grundes).
   Da haben Sie Ihre Entscheidung.
5. *Triftigkeit des Grundes*
   Nun notieren Sie auf einem Blatt Papier eine bis drei Ideen, wie Sie dafür sorgen wollen, daß der ausgewürfelte Grund auch triftig wird. Wenn zum Beispiel Peru ausfällt, weil die Kinder nicht von der Schule genommen werden sollen, dann notieren Sie nun, wie Sie ganz konkret die schulische Entwicklung Ihrer Kinder

fördern wollen. War die Entscheidung für Peru, weil sich dadurch Ihr „Marktwert“ erhöht, dann denken Sie jetzt darüber nach, wie Sie die Auslandserfahrungen konsequent für Ihre weitere Karriere nutzen wollen.

Meditation nach Richtungen

Die folgende Übung eignet sich besonders gut, wenn Sie eine Nuß zu knacken haben oder eine Entscheidung treffen müssen und bisher weder mit analytischen Problemlösungskonzepten noch mit kreativen Techniken zum Erfolg gekommen sind. Durch Meditation schaffen Sie sich innerlich eine Distanz zum ungelösten Problem und öffnen sich für Ihr Unterbewußtsein.

Gehen Sie wie folgt vor:

1. Finden Sie in Ihrer Wohnung heraus, wo Norden, Süden, Osten und Westen sind.
2. Zeichnen Sie auf ein Blatt Papier die vier Himmelsrichtungen mit den Kernbegriffen für die Meditation. Sie können auch eigene Kernbegriffe wählen.
3. Setzen Sie sich bequem auf den Boden oder auf einen Stuhl in die jeweils erforderliche Richtung. Legen Sie das Blatt mit der Zeichnung so vor sich hin, daß die Pfeile in die richtigen Richtungen zeigen.
   - Sie richten sich nach Norden, wenn Sie ein Problem zu bewältigen haben, das Ihnen unangenehm ist, für das Sie Mut brauchen, vor dem Sie am liebsten weglaufen möchten.
   - Sie richten sich nach Westen, wenn Sie künstlerische oder kreative Ideen brauchen. Das kann für ein Gemälde sein oder auch für ein Marketing-Konzept.
   - Sie richten sich nach Süden, wenn Sie eine Lösung für ein Problem mit anderen Menschen brauchen. Es kann sich um Erziehungsprobleme mit den Kindern handeln oder auch um Konflikte mit Mitarbeitern.

- Sie richten sich nach Osten, wenn Sie vor einer Entscheidung stehen, über die Sie bisher vergeblich hin- und hergedacht haben.

4. Nehmen Sie die Kernbegriffe Ihrer Richtung in Ihr Bewußtsein auf und lassen Sie sie auf sich wirken. Drängen Sie alle Gedanken an das konkrete Thema zur Seite. Wenn sie sich wieder einschleichen wollen, schieben Sie sie sofort weg.
   - Wenn Sie in Richtung Norden sitzen, stellen Sie sich vor, wie Ihnen die Kälte von dort entgegenbläst. Sie weichen nicht aus, sondern stemmen sich dagegen. Fühlen Sie die Kraft und die Robustheit, die sich in Ihnen ausbildet.
   - Wenn Sie in Richtung Westen sitzen, denken Sie an die Entdecker und Eroberer, die sich damals über die Meere aufgemacht haben. Sie kamen nach Amerika, Südamerika, in die Karibik oder auch um das Kap der Guten Hoffnung im Süden Afrikas herum. Was sie auf diesen Reisen an Kulturen und an Natur zu sehen bekommen haben....
   - Wenn Sie in Richtung Süden sitzen, stellen Sie sich die Völker vor, die Sie bei einer Reise in den Süden treffen würden. Das kann gleich bei den Südniedersachsen losgehen und bei den Zulus enden.
   - Wenn Sie in Richtung Osten sitzen, denken Sie daran, was früher aus dem „Morgenland“ zu uns ins „Abendland“ kam: Seide, Gewürze, Porzellan....
5. Nach zwei bis drei Minuten denken Sie gar nichts mehr oder lassen Sie die Gedanken ziellos schweifen. Wenn Sie jetzt einnicken, ist das nur gut.
6. Nach etwa zehn Minuten, oder wenn Sie wieder aufwachen, ist die Übung beendet. Sollte Ihnen ein zündender Einfall gekommen sein, notieren Sie ihn jetzt und legen Sie den Zettel beiseite. Für mindestens eine Stunde nach dieser Übung sollten Sie sich konsequent von Ihrem Problem oder Ihrer Entscheidung fernhalten.
7. Frühestens nach einer Stunde wenden Sie sich dem Thema wieder zu. Wenn es sich um ein zu lösendes Problem handelt,

können Sie es noch einmal mit einer der Kreativitätstechniken probieren. Wenn es sich um eine Entscheidung handelt, können Sie das „Orakel" befragen. Aber nehmen Sie sich fest vor, das Thema nun zum Abschluß zu bringen. Akzeptieren Sie, daß es keine perfekten Lösungen oder garantiert richtigen Entscheidungen gibt.

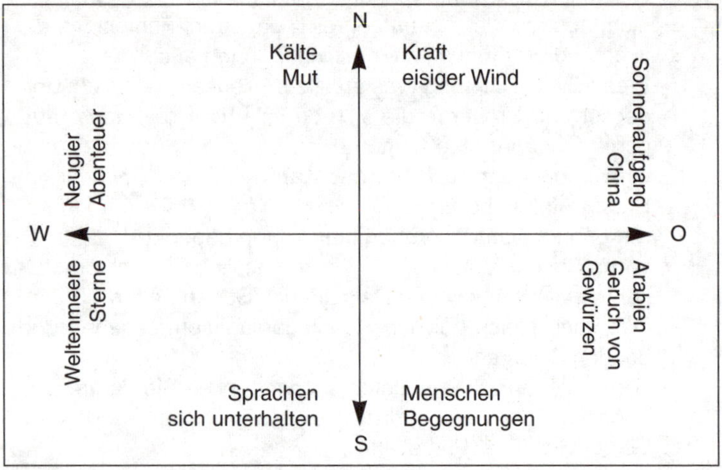

Aufgabe: Wohin mit dem Hund?

Stellen Sie sich vor, ein Arbeitskollege, mit dem Sie bisher immer gut ausgekommen sind, bittet Sie, während seines dreiwöchigen Urlaubs seinen Hund zu versorgen.

Sie wollen sich diese Verpflichtung nicht aufbürden lassen, haben jedoch keinen „vernünftigen" Grund (z.B. Hundehaarallergie, eigene Reise) für eine Ablehnung.

Planen Sie das Gespräch mit dem Kollegen schriftlich. Gehen Sie nach der WAVE-Methode vor.

Aufgabe: Der Bestseller

Ein Autor hat ein Buch über das Leben von Ordensleuten im Kloster geschrieben. Die Marketingfachleute des Verlags müssen sich nun Gedanken zu einem möglichst verkaufsfördernden Titel machen. Jeder Teilnehmer des Workshops zur Titelfindung muß vier Titel vorschlagen. Davon muß der erste sachlich-neutral, der zweite reißerisch, der dritte kitschig und der vierte geheimnisvoll wirken.

sachlich-neutral Leben im Kloster – Fallbeispiele	**reißerisch** Das Geheimnis der Mauern
kitschig Das Sehnen der Novizen	**geheimnisvoll** Was sind die Gründe?

Denken Sie sich nun ebenfalls vier Titel zu jeweils folgenden Themen aus:

- ein Buch über den Euro,
- ein Buch über Politikverdrossenheit,
- ein Buch über den Radsport.

Erfolg = erreichte Ziele

Ob Sie mit Ihren Vorhaben und Projekten erfolgreich sind, können Sie daran erkennen, ob Sie Ihre Ziele erreichen.

Gilt die Notwendigkeit von Zielen auch für kreative Prozesse? Die Antwort darauf kann nur ein „Jein“ sein. Ja, auch für kreative Prozesse braucht man Ziele, wenn man zum Beispiel für ein bestimmtes Problem oder ein Projekt neue Ideen sucht. Dann kann man sich zwar weit vom eigentlichen Thema entfernen, sollte aber immer wieder darauf zurückkommen. Es ist jedoch auch gut, wenn man sich nicht zu früh durch viel zu konkret definierte Ziele selbst einschränkt. Kreativität braucht immer auch die Freiheit, sich vom konkreten Ziel zu entfernen, Umwege zu machen und auf Unerwartetes zu stoßen. Man könnte auch sagen: „Gegen Zielsetzungen ist nichts einzuwenden, sofern man sich dadurch nicht von interessanten Umwegen abhalten läßt.“

Sie können sich den Prozeß der Zielbildung an folgendem Beispiel vorstellen:

1. Eine Person ärgert sich zum wiederholten Mal über den Chef oder über berufliche Zwänge. Sie fängt an, ganz ziellos und oft fast unbewußt über berufliche Freiheit nachzudenken.
2. Durch einen Zufall oder eine Anregung von Freunden oder einen Artikel in der Zeitung kommt die Person auf die Idee, daß Sie sich eigentlich auch selbständig machen könnte. Vielleicht wird sie zuerst den Gedanken wegschieben: „Ich doch nicht. Das ist zu unsicher. Ich habe keine Geschäftsidee und auch kein Startkapital.“
3. Zumindest im Unterbewußtsein arbeitet der Gedanke weiter: „Wie könnte ich mich von meinen beruflichen Zwängen befreien?“
4. Oft kommt man durch Zufall auf einen weiteren Gedanken. Das könnte die zufällige Entdeckung einer Marktlücke sein oder der

Tip einer Person, die es bereits geschafft hat, sich selbständig zu machen, oder eine Idee, wie man an Startkapital kommen könnte. Ein Sprichwort sagt: „Ideen sind wie Kaninchen. Wenn man erst einmal zwei hat, die sich zusammentun, dann hat man bald einen ganzen Stall voll."

5. Ab jetzt braucht der weitere kreative Prozeß Ziele!
   Jetzt kann die Person mit Brainstorming oder Mind-Mapping und anderen Techniken Ideen zusammentragen oder neu entwickeln, die alle auf das eine Ziel ausgerichtet sind: „Ich will mein eigener Chef werden."
6. Wenn ausreichend viele und erfolgversprechende Ideen vorhanden sind, dann setzt die konkrete und zielorientierte Arbeit am „Projekt Selbständigkeit" ein. Das gesamte Projekt muß immer wieder von Kreativität getragen sein. Manchmal macht diese Kreativität Umwege, manchmal muß sie im Interesse der Ziele gute Ideen beiseite lassen, manchmal erkennt sie, daß die Ziele doch wieder geändert werden müssen …

6+1: Die sechs Schritte zum Ziel

Das 6+1-Phasenmodell gehört zu den Klassikern des Managements von beruflichen und privaten Projekten. Es eignet sich, wenn Sie zum Beispiel vom Mietverhältnis zu einer eigenen Immobilie wechseln wollen, wenn Sie eine Weltreise planen, ein Buch schreiben oder einen neuen Job suchen wollen. Es wird auch in Unternehmen bei der Durchführung von Projekten angewendet, sei es eine Reorganisation, die Steigerung der Kundenorientierung, die Vermarktung eines neuen Produktes oder die Planung des Messeauftritts.

Die sechs Schritte des 6+1-Modells zum Erfolg sind:

- Orientierungsphase
- Lösungsvergleich
- Zieldarstellung
- Planungsphase
- Realisierung
- Übernahme in die Praxis

Die sechs Schritte des 6+1-Modells zum Erfolg sind:

1. *Orientierungsphase*

Die Orientierungsphase muß am Anfang eines jeden Projektes oder Vorhabens stehen. Hierbei geht es darum, daß man sich fachlich und menschlich orientiert.

- Was soll entstehen? Wozu soll es gut sein?
- Wie soll es sein, wenn es fertig ist?
- Wer will es haben? Wozu? Wer könnte dagegen sein? Warum?
- Ist es überhaupt machbar? Gibt es mögliche Hindernisse?
- Wie könnte man es machen? Was ist zu bedenken?
- Was wird man dazu brauchen? Material? Budget? Wissen?

Jetzt werden vor allem folgende Kreativitätstechniken eingesetzt:

- *Brainstorming* mit Kartenabfragen, um erst einmal unzensiert alle Ideen zu sammeln.
- *Parteiensicht,* um sich auf mögliche Reaktionen von Betroffenen einzustellen.
- *Reizwortanalyse*, um sich von gewohnten Denkmustern zu lösen.
- *Orakel*, falls man sich noch nicht sicher ist, ob man das Projekt letztlich überhaupt durchführen soll.

Bei einem privaten Projekt wie z.B. vom Mietverhältnis zur eigenen Immobilie, würde man in der Orientierungsphase feststellen, welche Möglichkeiten es am Markt gibt, mit welchen Belastungen zu rechnen ist, welche Erwartungen die Familienmitglieder haben, wo die beste Wohnlage ist, wie man die Sache finanzieren könnte …

Bei einem Projekt im Unternehmen würde man in dieser Phase zum Beispiel Markt- und Bedarfsanalysen, Machbarkeitsstudien, Erwartungsabfragen etc. durchführen.

2. *Lösungsvergleich*

Bei fast allen Projekten stellt man spätestens in der Orientierungsphase fest, daß nicht nur eine, sondern mehrere Lösungen möglich sind. Wer eine eigene Immobilie bewohnen will, kann selber bauen oder kaufen, kann sich für eine Wohnung oder ein Haus entscheiden.

In der Phase des Lösungsvergleichs geht es darum, zunächst verschiedene Möglichkeiten der Zielerreichung zu erkennen und diese miteinander zu vergleichen.

Jetzt werden vor allem folgende Kreativitätstechniken eingesetzt:

- Die *neun Basisfragen* nach Osborn, um sich nicht zu früh auf eine bestimmte Lösung oder ein bestimmtes Ziel festzulegen.

- *Methode 635*, um wenigstens drei mögliche Lösungen des Problems oder Ergebnisse des Projektes gründlich auf ihre jeweiligen Vor- und Nachteile hin zu vergleichen.
- *Der Unsympath,* um bei der Entscheidung möglichst neutral und sachlich zu bleiben und sich nicht zu schnell an eine „Lieblingslösung" zu klammern.

Am Ende dieser Phase muß die Entscheidung für eine der möglichen Varianten stehen. Das bedeutet auch, daß im weiteren Verlauf des Projektes sehr wohl noch kreativ gearbeitet wird, diese Arbeit muß sich jedoch ab sofort diszipliniert daran halten, durch Kreativität die inzwischen beschlossene Lösung voranzutreiben. Das bedeutet durchaus auch eine Einschränkung der kreativen Freiheit im Interesse der Ziele.

3. *Zieldarstellung*

In dieser Phase geht es darum, sich selbst und den Betroffenen oder auch Geldgebern eine klare Vorstellung von dem zu vermitteln, was im Projekt entstehen soll. In dieser Phase ist auch sehr viel an Überzeugungsarbeit zu leisten. In Unternehmen wird häufig zu diesem Zeitpunkt der Betriebsrat informiert, der wissen will, was auf die Mitarbeiter zukommt. Wer sich einen Hausbau als Projekt vorgenommen hat, klärt jetzt mit den Angehörigen, wie das Haus mit seinen verschiedenen Räumen, Fenstern etc. aussehen soll. In dieser Phase werden gerne bildliche Darstellungen und Modelle entwickelt.

- *Denkhüte und Denkstühle*, um auch alle nur denkbaren Blickwinkel zu berücksichtigen und notfalls noch letzte Zielkorrekturen vor der Planung und Umsetzung rechtzeitig vorzunehmen.
- *Morphologischer Kasten*, um sich eine klare Vorstellung zu schaffen, was letztlich entstehen soll, wie es gestaltet sein muß.

4. *Planungsphase*

Wenn nun klar ist, was das Projekt als Ergebnis produzieren soll, dann muß jetzt geplant werden, wie bei der Realisierung vorzugehen ist. Für einen Hausbau müßte nun unter anderem festgelegt werden, welche Handwerker wann auf der Baustelle was machen. Man muß festlegen, welches Material wann und in welchen Mengen geliefert sein muß, wann welche Gelder zur Verfügung zu stehen haben … Die typischen Kreativitätstechniken in dieser Phase sind:

- *Mind-Mapping*, damit kein Aspekt bei der Planung vergessen oder in Aufwand und Kosten unterschätzt wird.
- *Synektik, Bionik und Bisoziation,* um auf Ideen für die konkrete Umsetzung zu kommen.

In dieser Phase ist auch ein hohes Maß an *Intuition* gefragt. Planen ist Zukunftsarbeit, aber leider kann niemand wirklich in die Zukunft blicken. Für einen Planer ist es von großem Vorteil, wenn er eine gute „Witterung" oder ein ausgeprägtes „Feeling" dafür hat, mit welchen möglichen Schwierigkeiten oder Risiken zu rechnen ist. Man sollte auch „Antennen" dafür entwickeln, wie verläßlich (und verträglich!) die Menschen sein werden, die man für das Projekt eingeplant hat. Deshalb sollten Planer und Strategen immer auch gute Menschenkenner sein. Dabei können Übungen wie der „Mafia-Film" helfen; daß es sich dabei auch um andere „Filme" handeln kann, versteht sich von selbst.

5. *Realisierung*

Manche Profis des Projektmanagements sagen, daß mit dem Ende der Planungsphase auch das Ende der Kreativität für das betreffende Projekt erreicht sein muß. Das ist zwar etwas zu hart formuliert, im Grundgedanken jedoch richtig. Es darf einfach nicht sein, daß ein Projekt durch ständig neue Ideen und Änderungen zum Scheitern gebracht wird. Wenn man zum Beispiel entschieden hat, daß die eigene Immobilie durch den Bau eines Hauses erreicht werden soll, dann muß man auf der Basis dieser Entscheidung weiterarbeiten und kann nicht ständig grübelnd durch den Rohbau laufen und sich fragen, ob man nicht vielleicht doch eine Etagenwohnung hätte kaufen sollen.

Häufig scheitern private und auch berufliche Projekte allein an der mangelnden Entscheidungsfähigkeit oder an der Unfähigkeit, bei einer einmal gefällten Entscheidung zu bleiben.

Dennoch sollte man auch während der Realisierung kreativ bleiben. Man braucht spätestens dann gute Ideen, wenn man auf unerwartete Probleme stößt.

6. *Übernahme in die Praxis*

Bei einem Projekt zum Hausbau kann jetzt der Einzug erfolgen. Handelt es sich um ein Weltreiseprojekt, so steigt man nun vermutlich ins Flugzeug. War das Projekt die Einführung eines neuen Verfahrens zur Reisekostenabrechnung, so werden jetzt die Mitarbeiter darin geschult.

Bei vielen Projekten – vor allem bei privaten – wird das Ergebnis mit Vorfreude erwartet und lustvoll angenommen. Manches Projekt stößt allerdings jetzt auf ganz besonders harte Widerstände. Man denke nur an die Einführung der neuen deutschen Rechtschreibung!

Häufig kann jetzt folgende Kreativitätstechnik helfen:

- *WAVE* zur Vorbereitung auf mögliche Widerstände bei der Einführung des Projektergebnisses in die Praxis

Gerade weil so viele kreative Ideen auch die Zustimmung Dritter brauchen, ist es wichtig, daß man sich nicht nur mit Kreativitätstechniken und ihren Anwendungsmöglichkeiten vertraut macht, sondern auch darüber nachdenkt, wie man gute Ideen „verkaufen“ kann.

6+1: Der eine Schritt, der klüger macht

Man sagt: „Profis machen neue Fehler. Dummköpfe wiederholen ihre Fehler.“ Wer immer wieder Neues angeht und Neues ausprobiert, macht natürlich dabei auch Fehler und lernt daraus. Wer dumm ist, wurstelt sich aus Fehlersituationen heraus und verfällt beim nächsten Mal in den gleichen oder in ähnliche Fehler. Sowohl die Profis als auch die Dummköpfe brauchen Kreativität, um sich aus Fehlersituationen zu befreien, doch leider ist die Kreativität der Dummköpfe verschwendet!

Sofort nach dem sechsten Schritt, der Übernahme in die Praxis, sollten Sie zweierlei tun:

1. Rückschau auf das Vorgehen im Projekt

Hierbei geht es um das bewußte Aufarbeiten der gemachten Erfahrungen. Fragen Sie sich und Ihr Team: „Wenn wir zu Beginn des Projektes das Wissen von heute gehabt hätten, was hätten wir anders gemacht oder anders entschieden?“

Erstellen Sie eine Liste mit zehn guten Ideen aus Ihrer Projektarbeit, die Sie bei zukünftigen Projekten anwenden wollen. In manchen Unternehmen legt man diese Listen unter der Bezeichnung „Lessons learned“ ab und stellt sie allen anderen Projektleitern zur Verfügung.

Sinn der Sache ist, daß Erfahrungen aus einem Projekt ins nächste übertragen werden. Das gilt auch für private Projekte. Sagen Sie zum Beispiel nicht: „Ich brauche keine Erfahrungen mitzunehmen. Ich werde nie wieder bauen.“ Diese Einstellung ist falsch. Erstens kann man sehr wohl Erfahrungen aus einem Bauprojekt auch auf völlig andere Projekte übertragen. Das bringt Ihre geistige Entwicklung weiter. Zweitens können Sie anderen, die noch bauen wollen, besser raten, wenn Sie Ihre Erfahrungen bewußt reflektieren. Das bringt die „Allgemeinheit“ weiter.

2. Rückschau auf die Diskrepanz zwischen Plänen und Realität

Vergleichen Sie im Nachhinein, wie sich Ihre Pläne, Erwartungen und Schätzungen von Aufwand und Kosten in der Realität bewährt haben. Was hat länger oder weniger lange gedauert, als Sie bei der Planung dachten? Was wurde teurer oder billiger als erwartet? Wo traten Probleme auf, mit denen Sie nicht gerechnet hatten? Wo ging alles viel leichter als erwartet?

Sinn der Sache ist, daß Sie für die Zukunft besser planen, genauer schätzen und einen sichereren Instinkt für die Menschen und die Zusammenhänge bekommen.

Vergessen Sie nicht, daß mit zunehmender Erfahrung, mit wachsender Klugheit und mit breiterem und tieferem Wissen Ihre kreativen Ideen stetig besser werden und reichlicher sprudeln!

Aufgabe: Setzen Sie sich Ziele

Machen Sie sich nun daran, ganz bewußt für ein Projekt oder Vorhaben Ihrer Wahl Zielvorstellungen zu sammeln. Diese Ziele sollten noch recht grob sein, weil Sie ja noch die notwendigen Informationen und Ideen brauchen, die später eine genaue Feinabstimmung der Ziele möglich machen.

Wenn Ihr Projekt zum Beispiel der Bau eines Eigenheims sein soll, dann könnte Ihre Sammlung folgende Grobziele enthalten:

- Es darf nicht mehr als 800.000,- DM kosten.
- Es muß für jedes Familienmitglied ein eigenes Zimmer bieten.
- Die Wege zur Arbeit, Schule und Geschäften sollen kurz sein.
- Ein kleiner Garten muß hinter dem Haus sein.
- Die Wohnlage soll ruhig und gutbürgerlich geprägt sein.
- Es müssen zwei Garagen auf das Grundstück passen.
- Wir wollen spätestens zum 1. Oktober nächsten Jahres einziehen.

Sammeln Sie Ihre Zielvorstellungen möglichst gemeinsam mit den Menschen (beim Hausbau: Familie), die auch vom Projekt betroffen sind und/oder daran mitarbeiten sollen.

Wählen Sie die Technik des *Brainstormings* mit der Frage: „Was muß dabei herauskommen, damit das Projekt ein Erfolg wird?“

Wenn Sie ein Projekt im beruflichen Umfeld planen, dann gehen Sie bei der Zielsammlung oder bei der Erwartungsabfrage ganz genauso vor.

Aufgabe: Planen Sie den Weg zum Ziel

Wenn Sie für Ihr Projekt oder Vorhaben die Zielvorstellungen gesammelt haben, dann fertigen Sie nun einen groben (!) Plan an, wie Sie in den oben beschriebenen sechs Schritten vorgehen wollen. Legen Sie fest, wieviel Zeit Sie vermutlich für die einzelnen Phasen des Projektes brauchen.

Engen Sie sich nicht selber durch zu genaue Pläne ein, denken Sie jedoch trotzdem das Vorgehen bis zum Ende durch, und stecken Sie Zwischenziele ab, bis wann was geschafft sein muß.

Auch bei dieser Planung sollten Sie immer die Menschen mit einbinden, die außer Ihnen vom Projekt betroffen sind. Nutzen Sie die wertvollen Ideen und die kritischen Einwände anderer!

Die vier Grundrechte einer Idee

Es reicht nicht, daß man kreativ zu guten Ideen kommt, man muß auch „etwas daraus machen".

Jede Idee hat das Recht, …

… daß sie vorurteilslos angenommen wird.
Man sollte sie nicht sofort auf ihre Brauchbarkeit oder Qualität hin unter die Lupe nehmen, sondern erst einmal aufschreiben. Wegwerfen kann man sie immer noch!

… *daß sie wachsen darf.*
Man sollte sich nicht unter Druck setzen und aus einer Idee sofort etwas machen wollen. Manchmal ist es gut, wenn man die Notizen dazu erst einmal weglegt und der Idee die Chance gibt, im Unterbewußtsein weiterzuwirken.

… *daß sie anderen mitgeteilt wird.*
Man sollte sich mit anderen austauschen. Selbst wenn die Idee kritisiert wird, so kann die Kritik schon wieder der Keim für eine Verbesserung oder eine weitere Idee sein.

… *daß sie überzeugend „verkauft" wird.*
Man muß unbedingt auch kreativ sein, wenn man sich Gedanken macht, wie man andere von der eigenen Idee überzeugen will.

Kreative Präsentationsvorbereitung

Wenn Sie vor der Aufgabe stehen, in einer Präsentation für Ihre Ideen und Vorschläge um Verbündete oder Sponsoren werben zu müssen, dann gehören folgende Gedanken zu Ihren Vorbereitungen:

- Wie sind die Machtverhältnisse?
- Wer sind die Entscheider?
- Wer berät die Entscheider und Mächtigen?
- Wer sind die Gegner meiner Idee?

Setzen Sie sich intensiv mit der Gedankenwelt derer auseinander, die Sie gewinnen wollen und derer, die sich Ihnen entgegenstellen könnten.

Es reicht nicht, daß *Sie* davon überzeugt sind, daß Ihre Idee gut ist. Sie müssen dafür sorgen, daß es die anderen auch sind. Bedenken Sie bitte, daß Sie vielleicht als „Prophet im eigenen Land" nicht ausreichend anerkannt werden könnten.

Damit Sie handfeste Argumente auch über Ihre persönliche Meinung hinaus haben, sammeln Sie Beispiele, wo an anderer Stelle Ihre Idee oder eine ähnliche bereits Erfolg gebracht hat. Verweisen Sie auf Forschungen, Artikel in relevanten Zeitschriften, und haben Sie Zahlen parat.

Überlegen Sie, was in den Augen der Mächtigen und Entscheider positiv an der von Ihnen vertretenen Neuerung oder Änderung ist. Die meisten Menschen lassen sich von folgenden Argumenten überzeugen:

- Die Neuerung ist bequem und bringt Entlastung.
  Man hat weniger Aufwand als bisher, und auch die Umstellung wird recht einfach sein.
- Die Neuerung bringt Gewinn oder hilft beim Sparen.
- Mit der Neuerung tut man „Gutes".
  Die meisten Menschen wollen gerne „gute Taten" tun. Man muß ihnen deshalb klar machen, wie sich das Neue positiv auf die Mitarbeiter, das Unternehmen, die Umwelt, die Zukunft der Kinder … auswirkt.

Wer will sich dagegen sperren, die „gute Tat" zu tun?!

- Die Neuerung hebt das Prestige derer, die sie unterstützen. Sprechen Sie die Eitelkeit Ihrer Zuhörer an. Sagen Sie, daß moderne Unternehmen diese Neuerung heutzutage haben. Verweisen Sie auf attraktive Vorbilder, die sich auch schon dafür entschieden haben.

Bereiten Sie Ihre Präsentation gemeinsam mit denen vor, die mit Ihnen an der Entwicklung der neuen Idee gearbeitet haben. Verwenden Sie Methoden des Brainstormings und des Mind-Mappings bei der Sammlung überzeugender Argumente.

Sechs kreative Strukturen für den Ideen-"Verkauf"

Planen Sie mit Ihrem Team gemeinsam, wie Sie Ihre Präsentation des Neuen oder einer Problemlösungsidee strukturieren wollen. Suchen Sie aus den folgenden Vorschlägen drei mögliche Strukturen aus, und stellen Sie sie kurz dem Team Ihres Kreativ-Workshops vor. Lassen Sie dann jeden Teilnehmer zu jeder der drei Strukturen skizzenhaft die Argumente auf einem Blatt Papier formulieren. Nach etwa fünfzehn Minuten werden die Zettel weitergereicht, und der Nachbar überarbeitet die Skizzen. Nach weiteren fünfzehn Minuten ist der dritte an der Reihe und so weiter. Wenden Sie die *Methode 635* an.

1. Argumente-Kette

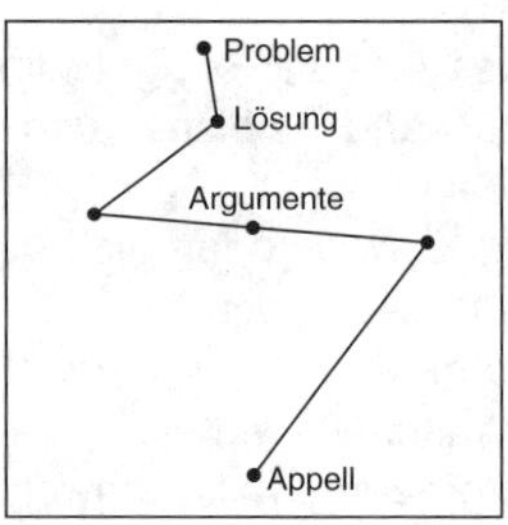

Sie nennen das Problem, welches durch Ihre Idee gelöst werden soll. Danach bringen Sie zwei bis maximal drei Pro-Argumente. Weitere Argumente sollten Sie für die Diskussion in der Hinterhand haben! Zum Schluß appellieren Sie für Ihren Vorschlag.

Diese Struktur verwenden Sie, wenn Sie nicht mit hartem Widerstand rechnen müssen.

2. Kompromiß

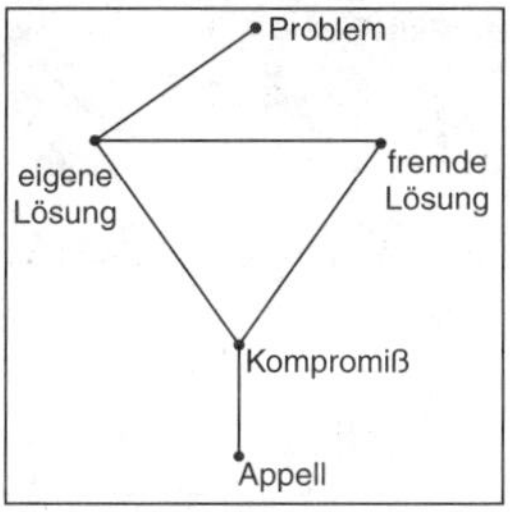

Sie nennen das Problem und dazu Ihren Lösungsvorschlag. Dem stellen Sie den Lösungsvorschlag Ihrer Meinungsgegner gegenüber. Danach schlagen Sie eine Kombination der Lösungsideen als Kompromiß vor.

Diese Struktur verwenden Sie, wenn Sie mit Meinungsgegnern zu tun haben, die Sie ohnehin nicht „besiegen" können. Mit dem Kompromiß wirken Sie fair und können so wenigstens Teile Ihrer Idee durchsetzen.

3. Widerlegung

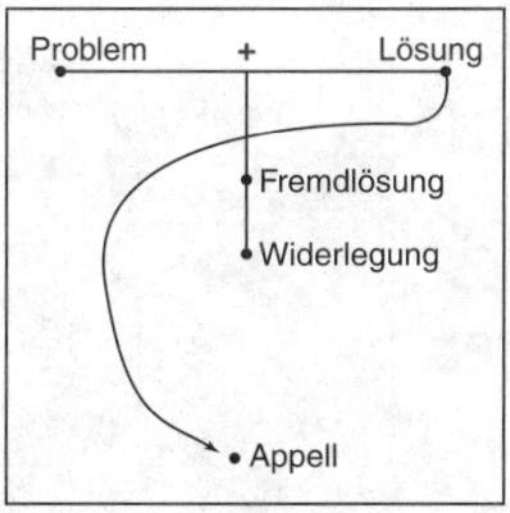

Sie stellen das Problem und Ihre Lösung dazu vor. Dann stellen Sie dar, wie Ihre Meinungsgegner es lösen wollen. Sie widerlegen die positiven Argumente Ihrer Gegner und appellieren dann, daß man sich für Ihren Vorschlag entscheidet.

Diese Methode ist gut, wenn Sie ohne Beisein der Meinungsgegner mit den Entscheidungsbefugten sprechen können.

4. Einwandbehandlung

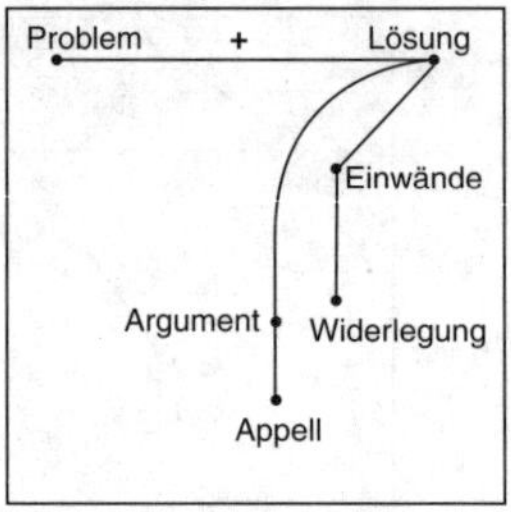

Sie stellen das Problem und Ihre Lösung vor. Dann sagen Sie, was andere vielleicht gegen Ihre Lösung vorbringen könnten. Sie widerlegen die möglichen Einwände und bringen ein neues gutes Argument für Ihre Lösung.

Diese Struktur hat sich bewährt, wenn man Gegnern unter den Zuhörern gleich den Wind aus den Segeln nehmen will.

5. Alternative

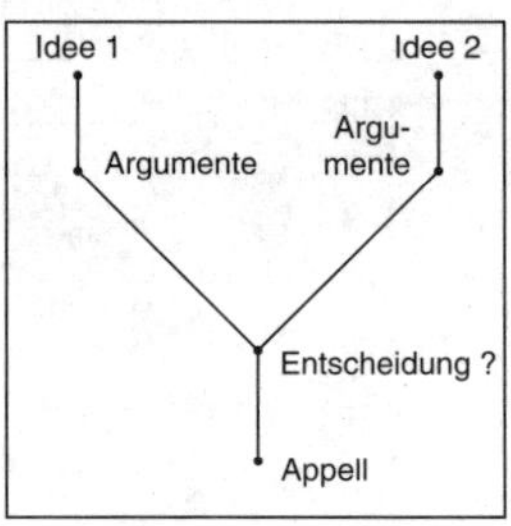

Sie stellen Ihre kreative Idee vor und anschließend eine andere. Die andere kann auch von Ihnen und Ihrem Kreativ-Team stammen. Abwechselnd bringen Sie gute Argumente für jede der Ideen. Dann lassen Sie die Zuhörer entscheiden, welche ihnen besser gefällt. Rufen Sie anschließend zu einer zügigen Umsetzung auf.

Diese Methode ist gut, wenn die Gefahr von Stillstand droht, weil man sich allgemein gegen Neuerungen wehrt. Die Chance zur Entscheidung zwischen zwei Möglichkeiten (niemals mehr anbieten!) nimmt die Scheu vor Neuerungen, weil die Entscheider selbst aussuchen dürfen.

6. Logische Kette

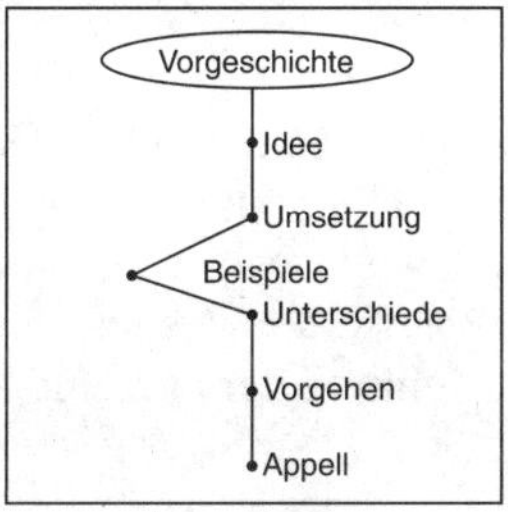

Sie sagen, wie Sie dazu gekommen sind, nach einer Idee zu suchen. Sie nennen Ihre Idee für eine Neuerung. Sie beschreiben, wie man sie umsetzen kann. Sie nennen Beispiele, wo und wie solches oder ähnliches woanders bereits erfolgreich war. Sie weisen auf die Unterschiede zwischen der eigenen Situation und die der Beispiele hin. Sie leiten daraus die Schlußfolgerung ab, wie man nun im ersten Schritt vorgehen muß und rufen zur Tat auf.

Diese Methode wählen Sie, wenn Ihre Zuhörer nicht grundsätzlich gegen Neuerungen eingestellt sind, sich jedoch davor fürchten, vielleicht übereilt eine falsche Entscheidung zu treffen.

Aufgabe: Leserbrief

- Üben Sie Ihre Fähigkeit zu treffsicherer Argumentation. Nehmen Sie die aktuelle Tageszeitung und schreiben Sie sechs Leserbriefe zu unterschiedlichen Themen an die Redaktion. Wählen Sie dafür jeweils eine der obigen sechs Strukturen. Die Briefe sollten etwa eine Seite lang sein.

Legen Sie Ihre Briefe zur Seite.

Schreiben Sie im Laufe der kommenden Woche sechs Antworten darauf, die eine Person mit konträrer Meinung an Sie schreiben würde.

- Wenn Sie diese Übung im Team machen, darf sich jeder Teilnehmer sechs Themen auswählen und allein die Briefe schreiben. Anschließend tauschen jeweils zwei Teilnehmer ihre Briefe aus und beantworten sie mit „gepfefferten“ Gegenstandpunkten! – Dabei ist es völlig egal, welche Meinung der einzelne tatsächlich zum jeweiligen Thema hat.

Aufgabe: Präsentieren Sie Ihr Projekt

Erarbeiten Sie eine begeisternde Präsentation von etwa zehn Minuten zu Ihrem Projekt. Stellen Sie sich vor, Sie müßten auch Skepsis und abwartende Ablehnung Ihrer Zuhörer überwinden.

Sagen und zeigen Sie, welches Projekt Sie sich vorgenommen haben und was die Vorteile daran sind.